A CRIANÇA INCOMPREENDIDA

Um Guia para os Pais de Crianças com Distúrbios de Aprendizagem

Larry B. Silver

A Criança Incompreendida

Um Guia para os Pais de Crianças com Distúrbios de Aprendizagem

Tradução:
Jorge Enéas Fortes

Revisão técnica:
Jairo Werner Júnior

Jorge Zahar Editor
Rio de Janeiro

Título original:
The Misunderstood Child — A guide for parents of learning disabled children

Tradução autorizada da primeira edição norte-americana publicada em 1984 por McGraw-Hill Book Company, de Nova York, EUA

Jorge Zahar Editor Ltda.
rua México 31 sobreloja
20031 Rio de Janeiro, RJ

Produção *Revisão:* Claudio Estrella (copy); Lincoln Natal Jr., Shirlei Nataline, Nair Dametto, Carmem Moreno (tip.); *Diagramação:* Celso Bivar; *Composição* e *Montagem:* Linolivro (texto); *Capa:* Gilvan F. da Silva; *Impressão:* Tavares e Tristão Gráfica e Editora de Livros Ltda.

ISBN: 85-7110-019-5

Este livro é dedicado a

The Center School, *de Warren, Nova Jersey.*

À sua diretora, Helen Goldberg,
e à dedicada equipe profissional
por me ensinarem sobre aquelas crianças;
Às crianças, que partilharam comigo
seus sentimentos, pensamentos,
temores e esperanças;
E à antiga assistente social, R. Joan Guilmartin,
que me ensinou a importância da família.

Obrigado

SUMÁRIO

quarta parte

TRATAMENTO

quinta parte

ASPECTOS LEGAIS

sexta parte

RESUMO

APÊNDICE

APRESENTAÇÃO

Quando o editor Jorge Zahar convidou-me para analisar a conveniência de traduzir e publicar este livro, pensei imediatamente na possibilidade de levantar algumas questões sobre o tema, partindo da nossa experiência com crianças e adolescentes que apresentam dificuldades de aprendizagem, no contexto da realidade brasileira.

O livro — A Criança Incompreendida *— é dirigido primordialmente aos pais, entretanto serve a todos que lidam com esse tipo de problema: professores, orientadores, psicólogos, médicos e especialistas.*

O autor mostra com clareza e objetividade como fatores biológicos podem interferir na vida escolar da criança e influenciar, secundariamente, no desenvolvimento emocional e na adaptação social. Enfatiza e orienta a atuação dos pais nesses casos, com o objetivo de evitar muito sofrimento desnecessário para a criança e sua família.

*Os fatores biológicos referidos no livro representariam o que denominamos, em nossa prática, "Imaturidade Bioelétrica Cerebral" (*IBC*), ou seja, uma alteração funcional da prontidão e do* status *neurológico, ligado ao comportamento e ao desenvolvimento de certas habilidades, como desenhar, ler e escrever, entre outras.*

Torna-se necessário, entretanto, alertar pais, educadores e até mesmo especialistas para não imaginarem que todos, ou quase todos, os problemas de aprendizagem e comportamento são "culpa" do funcionamento neurológico da criança. É preciso antes verificar por que tantas crianças capazes e inteligentes fracassam na escola.

A resposta a essa questão deve começar analisando o tipo de educação que oferecemos às nossas crianças.

No Brasil, "pobres" e "ricos" enfrentam uma educação "deficiente", "tecnicista", desligada da realidade da vida. A educação não tem sido prioridade entre nós, pois milhões de crianças estão fora das escolas e, por outro lado, a escola reproduz a sociedade no seu objetivo "ideológico" de criar indivíduos produtivos e consumistas. Nessa perspectiva, não atende nem às necessidades de transformação social, nem respeita ou estimula as possibilidades dos alunos — em especial aqueles que não se encaixam em padrões e modelos predeterminados.

Como então "diagnosticar" se a dificuldade em relação à aprendizagem e adaptação escolar de seu filho não se deve às propostas e aos métodos pedagógicos inadequados?

Mesmo que a criança apresente dificuldades decorrentes de fatores biológicos, como imaturidade neurológica, não se deve excluir uma avaliação da adequação do método de ensino. Por exemplo, uma criança com falhas na percepção visual terá mais dificuldades em aprender a ler com a letra cursiva (letra de mão), pois nesse tipo de letra os intervalos são eliminados e as ligações destroem os contornos das letras — condição indispensável à percepção da forma da letra. Isso é verdade para qualquer criança, e o ideal seria que todas fossem alfabetizadas em letra de imprensa (script). O que queremos enfatizar é que um método que não seja bom para todos, fará com que a criança mais imatura ou com algum distúrbio fracasse com maior freqüência e acabe marginalizada.

ave	AVE
letra de mão	letra *script*

É importante evitar que a criança seja impossibilitada de se desenvolver e de aprender por estar fora dos padrões estabelecidos. É o que acontece em geral com a criança que apresenta algumas características de "Imaturidade Bioelétrica Cerebral" como, por exemplo, hiperatividade, dificuldade de concentração, incoordenação motora. Fatalmente ela terá seus problemas incompreendidos e agravados por falta de atuação adequada.

Neste livro, essas alterações estão descritas com profundidade e são apresentados caminhos terapêuticos, educacionais e até legais *para ajudar as crianças com tais dificuldades. É bom lembrar, no entanto, que as soluções técnicas e os caminhos propostos estão de acordo com a realidade socioideológica norte-americana, necessitando sofrer uma reflexão para ser adaptável ao contexto brasileiro.*

Nesse sentido, achamos válido citar a experiência que representa uma tentativa de integrar a pedagogia com a psiquiatria infantil, num trabalho preventivo e terapêutico. Este trabalho, que é realizado no Hospital Universitário Antonio Pedro, em Niterói, em escolas públicas e na Clínica Desenvolvimento Integral, baseia-se nos seguintes princípios:

— Utilização do método de alfabetização de Heloisa Marinho, *pois, além de permitir o atendimento a diferentes ritmos de desenvolvimento, respeita a cultura da criança, estimula sua expressão e facilita a percepção cognitiva e visual. Dessa forma, o sentimento de autoconfiança também melhora refletindo-se no desempenho da criança.*

— Organização de ambiente e atividades, *onde, através de atividades de livre escolha e expressivo-criativas, se aproveita o potencial, o interesse e a atenção seletiva da criança.*

— Dessensibilização de experiências negativas anteriores, *visando eliminar bloqueios causados por fracassos escolares repetidos e por terapias que reforçam as deficiências da criança.*

— Estimulação do crescimento emocional, *proporcionando oportunidades de experiências em grupo, nas quais a criança se sinta aceita e mais segura.*

— Suporte de terapia biológica, *quando, apesar da metodologia e da postura adequada, persistem as dificuldades de concentração e a hiperatividade, gerando problemas emocionais e sociais para a criança.*

O trabalho baseado nos princípios acima vem sendo testado há dez anos e tem apresentado resultados satisfatórios em crianças de diferentes níveis socioeconômicos.

Finalmente, é importante registrar a parte do livro referente à questão do amparo legal que as crianças com distúrbios na aprendizagem recebem nos Estados Unidos.

Consideramos que, apesar de estar baseado em uma realidade diversa da nossa, A Criança Incompreendida *serve como estímulo à luta para que essas crianças tenham direito a uma vida acadêmica e social. No Brasil ainda é preciso vencer muitas barreiras. Temos que lutar para que sejam destinados à Educação recursos que garantam a todos um verdadeiro acesso ao saber, melhorando a qualidade de ensino em todos os planos.*

Temos certeza que este livro ajudará aos pais e a nós, profissionais, a aceitar e estimular essa criança tão incompreendida por todos.

Niterói, RJ, março de 1988

JAIRO WERNER

Jairo Werner é médico; professor de psiquiatria infantil da Universidade Federal Fluminense; consultor de desenvolvimento infantil no Brasil e no exterior (UNICEF); pesquisador do Instituto de Pesquisas Heloisa Marinho (Av. Alm. Ary Parreiras 434, Niterói, RJ).

PREFÁCIO

Quando uma criança ou um adolescente apresenta distúrbios de aprendizagem, isso interfere não apenas no trabalho escolar, mas em todos os aspectos da vida — em casa, na comunidade, nos clubes e em outras atividades.

Vocês, como pais, desempenham papel importante no auxílio à sua criança ou ao seu adolescente no trato com esses distúrbios. Vocês devem ser *consumidores bem-informados,** conhecedores de tudo que se sabe sobre esses problemas. Vocês devem ser *advogados assertivos*, constantemente tentando encontrar os programas de que seu filho necessita na escola, em casa e fora da escola. Este livro os ajudará a ser ambas as coisas.

Tentei também auxiliá-los a ajudar os outros membros de sua família. Como vocês todos sabem muito bem, quando seu filho com distúrbios de aprendizagem sofre, todos sofrem também. Discuto seus sentimentos, problemas e necessidades, assim como o impacto que a criança ou o adolescente incapaz de aprender provoca normalmente em seus irmãos e irmãs.

Uma criança ou um adolescente com distúrbios de aprendizagem precisa de compreensão especial, apoio e ajuda da família. Este livro deverá auxiliá-los a ser aqueles pais e famílias especiais.

Rockville, Maryland LARRY B. SILVER, DR.

---

* "Consumidores" de serviços educacionais e terapêuticos. (N. do R.T.)

A alegria de aprender é, muitas vezes, um pesadelo para mais de dez milhões de crianças normais, brilhantes e inteligentes — somente porque ninguém reconheceu seu ritmo diferente de aprendizagem. Compreenda sua frustração — e comece a compreender o problema.

Que nenhuma criança seja humilhada, nem tenha sua admiração diminuída, por causa de nossa ignorância ou passibilidade. Que nenhuma criança seja privada de suas descobertas, porque nos faltam recursos para descobrir seu problema. Que nenhuma criança — jamais — duvide de suas próprias possibilidades porque estamos inseguros de nossa responsabilidade.

Fundação de Crianças com
Distúrbios de Aprendizagem

primeira parte

Uma Introdução aos Distúrbios de Aprendizagem

1

SUA TAREFA COMO PAI OU MÃE

Victor era um desastre na escola primária. Nunca se sentava quieto, ou prestava atenção na aula; contudo, seus professores deixaram-no passar, de série em série. Na quarta série, aos dez anos de idade, ainda lia em nível de primeira série e sua matemática, insuficiente. A escola o avaliou e concluiu que tinha distúrbios de aprendizagem. O relatório também descrevia Victor como "hiperativo" e "distraído". Apesar dessa avaliação, Victor entrou regularmente na quinta série. Lá, seu rendimento e comportamento na sala de aula ficou cada vez pior e ele também tornou-se muito mais incômodo e provocante em casa.

Ao terminar a sexta série, Victor só podia ser descrito como impossível. Na escola, fazia tudo para ser posto fora de sala: escondia-se sob a carteira, atirava coisas e se rastejava pelo chão, latindo como cachorro. Todas essas suas táticas tinham sucesso. As crianças achavam-no engraçado, e ele passava mais tempo expulso da sala de aula do que dentro dela.

Quanto mais trabalho dava na escola, mais seus pais tentavam puni-lo em casa. Em breve a família tornou-se um caos. Quando Victor se rebelava contra os limites que seus pais estabeleciam para punição, estes discutiam sobre a firmeza que tinham de ter para mantê-los. O irmão dele, já humilhado pelo comportamento de Victor, passava cada vez mais tempo na casa de um amigo para fugir às discussões em casa. Quando os pais foram à escola tentar descobrir a razão de tudo isso, a diretora disse-lhes que a perturbação emocional de Victor provavelmente vinha do próprio desajuste matrimonial deles. Disse-lhes ainda que a escola não podia ser responsável por problemas familiares e sugeriu que procurassem um auxílio psiquiátrico. Ninguém mencionou a avaliação da quarta série.

Quando os pais procuraram uma avaliação particular completa, Victor já tinha quase treze anos. Durante as sessões, o comportamento de Victor variou entre uma quieta depressão e a hostilidade declarada. Quando quieto, falava de "ser estúpido". "Não sei ler direito... Não faço nada direito... Talvez eu seja mesmo burro". Ele se via como "mau". Estava "arruinando a família". "Talvez eles me mandem à escola para que eu não cause tanto problema." Quando se tornava hostil, Victor ficava brincando, tentava quebrar coisas no consultório e ameaçava abandonar a sala.

Uma nova avaliação educacional, atualizando a feita na quarta série, revelou múltiplos distúrbios de aprendizagem e de linguagem. Victor estava três anos atrasado na maior parte das áreas de habilitação. Testes psicológicos revelaram um potencial intelectual superior — um QI verbal de 132 — mas um QI de atuação abaixo da média, de 98. Todos os que participaram da avaliação o consideraram Hiperativo e Distraído. As recomendações incluíam unanimemente: (1) colocação em programa educacional especial de tempo integral; (2) terapia individual e familiar; e (3) uma tentativa de medicamentos — isto é, de psicoestimulantes.

Encontrei-me com Victor para rever as conclusões. Ele se exibiu, zombando do que "alguma professora estúpida" tinha feito. Pus meu braço em seu ombro e disse: "Quero que você saiba o que *todos* os testes mostraram. Olhe! Agora que eu compreendo seus problemas, eu realmente o admiro. Eu teria jogado a toalha provavelmente anos antes do que você o fez." Victor sentou-se, parecendo triste. Mas me acompanhou com interesse enquanto eu revia seus pontos fortes e fracos, interrompendo para fazer comentários como "Você está dizendo que quando eu leio uma página, esqueço o que eu li ou quando eu começo a falar com alguém e, pelo meio do caminho, esqueço onde eu comecei?" Fui, então, para o teste do QI, subteste por subteste, mostrando-lhe como distúrbios de aprendizagem específicos interferiam em sua habilidade de responder bem às perguntas. Enfatizei quanto ele era brilhante, e em que aspectos.

Mais tarde, em nossa entrevista, disse a Victor que eu pensava que ele se tornara o palhaço da classe para esconder um "retardamento". Disse-lhe que não o censurava, mas que ele poderia esperar mais dele próprio. Expliquei, então, o plano proposto para um auxílio especial. Ele compreendeu o que eu descrevia, mas se recusou a prosseguir com ele porque não queria ir para uma escola diferente da dos seus amigos. Expliquei, também, por que eu queria que ele tentasse a medicação e descrevi o que isso poderia fazer. Também não gostou da idéia, mas concordou em tentar "por alguns dias". Quando saiu de meu consultório, reafirmei-lhe que compreendia a dor e a frustração pelas quais tinha passado e que realmente queria ajudá-lo. Ele sorriu e estendeu a mão. Demos as mãos, e Victor saiu

Revi toda a avaliação e a série de recomendações mais uma vez em minha reunião com os pais de Victor. Pareciam aliviados por conseguir agora um melhor conhecimento das dificuldades do filho, mas estavam aborrecidos com a escola e com eles mesmos por não terem feito algo mais cedo. Concordaram com todas as recomendações.

A reunião seguinte foi uma sessão familiar, com Victor, o irmão, seus pais e uma avó materna que vivia com a família. Revimos toda a avaliação novamente. Mas, durante a sessão, Victor mostrou-se muito provocativo e, eventualmente, levou todos a ficar zangados com ele. Apontei-lhe o que estava fazendo e o efeito que estava gerando, mas ele continuou com esse comportamento irritante.

Depois de uma série de reuniões com o pessoal da escola de Victor, em que todos os dados foram novamente apresentados e discutidos, concordou-se que Victor iria para um programa educacional especial completo, no qual deveria permanecer durante os próximos três anos, embora ele não soubesse disso na ocasião.

Os problemas de Victor eram sérios, mas não tão graves como os de muitas crianças semelhantes, e certamente não sem esperança. Se você tem uma criança com distúrbios de aprendizagem em sua família, não há dúvida de que se identifica com alguns dos elementos da história de Victor. Você mesmo provavelmente pode contar uma história mais real, dramática e dolorosa. Se a criança com distúrbios for *seu* filho, não há dúvida de que você também sabe como os pais de Victor se sentiram — sua recusa, frustração, ansiedade, depressão, culpa e desespero. E provavelmente você reconhece, melhor do que tudo, sua ira — ira contra Victor, contra a escola, contra o cônjuge; ira contra o sistema, contra as circunstâncias e, talvez principalmente, contra sua própria má sorte. A ira dos pais é tão fácil de compreender como a da criança, por mais diferentes que sejam. Infelizmente, a compreensão se torna diminuta, mesmo no primeiro passo para uma solução. Toda a energia gasta com a ira deve ser reorientada para uma ação educada — ação paciente, contínua, eficaz.

O caso de Victor não é típico — não há criança com distúrbios de aprendizagem típicos — mas também não é um caso raro. Embora percebidos tarde, os problemas de Victor ainda foram observados no último momento possível. Mas voltemos à história dele.

Victor se ressentiu ao ser colocado no programa de educação especial e, inicialmente, voltou ao seu antigo comportamento inconveniente. Mas, no novo programa, cada vez que ele tinha de ser retirado da sala de aula, alguém se sentava e discutia seu comportamento com ele. O tema era: "Você não gosta disto aqui; mas como é que poderá voltar à classe normal se você não fica na sala bastante tempo para receber o auxílio de que precisa? Você é brilhante, e pode solucionar seus problemas, mas não poderá conseguir isso enquanto não estiver querendo trabalhar conosco em vez de contra nós." A professora de Victor também tentou apontar as causas prováveis de seu mau comportamento. Quando ele batia na carteira, ela dizia: "Acho que é mais fácil você agredir a carteira do que a você mesmo porque não pode fazer o exercício de matemática. Que tal se sentar na carteira e me deixar auxiliá-lo?"

Comecei a usar com Victor um medicamento estimulante (discutido no Capítulo 12). Seu comportamento hiperativo melhorou significativamente, assim como sua dificuldade de atenção. Tanto a professora como a família notaram um efeito tranqüilizante. O pai comentou: "Victor foi pescar comigo e, pela primeira vez na vida, ele se sentou quieto e divertiu-se." A mãe se maravilhou em um jantar de família, no qual Victor não pulou uma única vez. E, mais importante, Victor notou uma mudança. Ele gostou da sensação relaxante. Tentou explicar a menor distração. "Você sabe como é quando você está em uma sala e a geladeira desliga. Repentinamente você se conscientiza de quanto barulho ela faz. Bem, esse remédio torna a minha cabeça quieta. Eu nunca tinha imaginado quanto barulho havia lá dentro." E continuou com a medicação sem objeções.

Mas o comportamento geralmente tempestuoso de Victor continuou na maior parte do primeiro ano. Durante esse tempo, Victor ficou em terapia individual e familiar — o terapeuta via Victor uma vez por semana; a família, cada duas semanas. Embora Victor tivesse muito trabalho individual para realizar, a maior parte do esforço durante o primeiro ano foi no trabalho com a família. Os pais tiveram de recuperar o controle não só sobre Victor, como sobre a vida familiar e, com a orientação do terapeuta, estabeleceram um programa de modificação de comportamento, incluindo um sistema de pontos de premiação para Victor e uma sala para o "tempo negativo", para onde ele ia quando as coisas saíam do controle. Tiveram também de encontrar modos de reconhecer e preencher suas próprias necessidades. Tiveram de aprender a se apoiar mutuamente durante as crises com Victor, naturalmente, mas tiveram também de sair durante fins de semana, ocasionalmente, mesmo que fosse para ficar com amigos na cidade. À medida que a terapia progredia, aprenderam a falar cândida e claramente com Victor, refletindo com ele como ele lhes parecia e como reagiam ao seu comportamento, tal como a professora fazia. Na terapia, o irmão de Victor também recebia o apoio de que necessitava. Encorajado a compreender que Victor não tinha o direito de insultá-lo ou de embaraçá-lo em frente aos amigos, ele também aprendeu como proteger seus próprios interesses e como agir mais honestamente com Victor.

O primeiro ano foi de trabalho exaustivo. Victor fez poucos progressos, mas todos se sentiam bem com o rumo para onde estavam sendo levados. Durante o verão, Victor continuou com a psicoterapia e com a medicação.

A primeira semana do segundo ano na escola especial transcorreu especialmente mal. Victor estava muito irritado. Queria voltar para a escola pública. Ele podia ver que nunca poderia se sair bem lá; mesmo assim queria ir para lá. Então, lentamente, aceitou a realidade. Cada vez mais, ia respondendo aos comentários de sua professora com "Eu sei! Eu sei!". Na terapia, o triste e assustado Victor estava quase sempre presente. Enquanto se debatia com sua ira, frustração e desamparo, também começou a aceitar a idéia de que seu futuro dependia dele. Se quisesse trabalhar, a família e suas professoras de educação especial trabalhariam também intensamente para ajudá-lo. Se resistisse, lutasse ou fizesse brincadeiras, a família e as professoras permaneceriam com ele, mas não haveria progressos. Freqüentemente, ele pedia para rever os resultados do teste, especialmente o de QI. Às vezes ficava imaginando se mais remédios não o fariam ficar melhor mais cedo.

Victor começou a trabalhar na escola. Parou de fazer grande número de palhaçadas. E aprendeu que poderia falar sobre seus sentimentos em vez de representá-los. Por exemplo, uma tarde, depois de uma hora bastante frustrante de trabalho em leitura, ele esperou até que o resto da turma tivesse ido para o ginásio e, então, sentou-se no chão perto da professora e chorou. A professora ficou sentada e não disse nada. Finalmente Victor falou: "Sou um retardado... Nunca aprenderei esse negócio. Você está perdendo seu tempo. Meu cérebro é, na verdade, muito estúpido para aprender." A professora pôs o braço em torno de Victor e apenas escutou. Depois disse-lhe como estava contente por vê-lo se sentir seguro bastante para partilhar tais pensamentos pessoais com ela e que ele podia falar sobre seus sentimentos em vez de representá-los. Disse-lhe também que o trabalho era realmente difícil mas reafirmou-lhe que ele era brilhante e que poderia realizá-lo.

Victor recuperou dois anos de trabalho escolar durante o segundo ano do programa especial. Sua atitude em casa melhorou e ele teve um bom relacionamento com o pai. Voltou por vontade própria para o programa no terceiro ano e continuou a ter progressos. A seu pedido, a terapia individual continuou.

No ano seguinte, Victor voltou para a escola local de segundo grau, tirando apenas uma hora por dia de auxílio extraordinário em sala especial. Continuou a precisar da medicação. Completou a escola de segundo grau e foi aceito em uma universidade que tinha um programa especial para estudantes com distúrbios de aprendizagem. Ele decidiu tornar-se professor de educação especial. Qualquer coisa que ele venha a fazer, não tenho preocupações quanto ao futuro de Victor.

Não se pode nunca saber quão melhor Victor teria sido se tivesse recebido um tratamento mais cedo — ou diferente. Talvez o auxílio tenha vindo justamente no momento em que ele estava pronto para usá-lo. Nem podemos saber o que os pais de Victor poderiam ter feito antes ou melhor. Colocando-nos no lugar deles, contudo, podemos certamente supor que, se tivessem sabido mais cedo, teriam sido ajudados a resolver sua penosa situação mais eficazmente. A energia que despenderam fazendo o melhor que podiam, podia ter sido orientada para atividades mais produtivas do que punir Victor, a família e a si próprios.

Se você não precisa se imaginar na situação dos pais de Victor, porque já está nela, farei o melhor que puder para auxiliá-lo. Gostaria de poder prometer dar-lhe uma compreensão total dos distúrbios de aprendizagem e dos outros problemas associados a eles, mas não posso. Nesse campo há profissionais altamente preparados, interessados e responsáveis, mas não podemos responder por muitos fenômenos que vemos todos os dias. Posso prometer-lhe, contudo, o seguinte: Se o conhecimento parcial não for bastante, é pelo menos o meio que você deve ter para lutar pelo melhor atendimento e tratamento que puder conseguir para seu filho.

E é isto que você pode fazer: lutar pelo melhor atendimento. De uma maneira muito pouco comum, você é um consumidor, um consumidor de serviços. Esses serviços podem não ser fáceis de encontrar — eles raramente serão oferecidos a você, mas estão aí. Seu filho será seu beneficiário mais importante, mas você é o único agente de seu filho nesse assunto. E, à medida que seu filho se beneficia com o tipo correto de atendimento, você se beneficiará e sua família também.

O que quero enfatizar é que, no momento em que você reconhecer sua situação, deve fazer tudo que puder para se tornar um consumidor *informado* e um *advogado* de seu filho. Ninguém e nem clínica alguma — nem o médico da família, nem a professora dele, nem as escolas, ninguém — está tão vitalmente interessado como você e tão bem-informado como você poderá e deverá estar.

Uma criança com distúrbios de aprendizagem se confronta com uma série de trabalhos de Hércules distribuídos em um longo percurso. Mas as recompensas são virtualmente certas. Seu filho pode melhorar, pode aprender a aprender, pode crescer para ser um adulto feliz e normal. O sucesso depende de você — de sua ação, de sua asserção, de sua perseverança, de sua defesa. A tarefa de conseguir ajuda para o seu filho pode ser menor que a tarefa que ele enfrenta, mas é constrangedora e imediata. Exigirá toda a força e determinação que você tenha e mais ainda. Ela certamente vai aturdi-lo, frustrá-lo e eventualmente recompensá-lo. A tarefa, contudo, é inescapável, iminente e, acima de tudo, somente sua.

2

QUESTÕES E CONCEITOS BÁSICOS

Para ajudar seu filho mais eficazmente, você deve ter um bom conhecimento dos problemas da criança. Pode auxiliá-lo, em primeiro lugar, saber que dez a vinte por cento das crianças matriculadas na escola comum têm problemas com o desempenho escolar. Esses jovens estão incluídos em várias amplas categorias: (1) alguns são mentalmente retardados, isto é, têm capacidades intelectuais subnormais e, portanto, funcionarão sempre abaixo dos níveis normais; (2) outros têm problemas emocionais que se atravessam no caminho do aprendizado e causam dificuldades escolares; e (3) ainda outros têm inteligência média ou acima da média, mas ainda assim apresentam dificuldade escolar, por causa do modo pelo qual seu cérebro ou seu sistema nervoso funciona. Embora essas crianças possam ter problemas de visão, ou audição, ou ambos, suas dificuldades de aprendizagem não são causadas pela deficiência de visão ou audição. As pessoas denominadas "com distúrbios de aprendizagem" entram nesse terceiro grupo, muitas vezes chamado de "grupo neurológico". Representam entre três e dez por cento da maioria das populações escolares.

Jovens com uma deficiência ou mau funcionamento "neurológico" geralmente apresentam um grupo de problemas. As crianças que têm distúrbios de aprendizagem podem ser também Hiperativas — não podem se sentar quietas e estão constantemente em movimento. Podem ser também Dispersivas — todos os sons, visões ou movimentos, qualquer acontecimento chama sua atenção, interrompendo seus pensamentos e impedindo sua concentração. As crianças que são hiperativas e/ou distraídas muitas vezes apresentam distúrbios de aprendizagem. A maioria dessas crianças desenvolve problemas emocionais, sociais e familiares por causa das frustrações e dos fracassos que experimentam.

Esses problemas muitas vezes ocorrem na mesma pessoa. Só raramente uma criança apresenta apenas distúrbios de aprendizagem. Tente pensar no quadro geral, observando os seguintes aspectos:

1. Todas essas crianças têm distúrbios de aprendizagem.
2. Muitas são também Hiperativas e/ou apresentam déficit de atenção.
3. Quase todas desenvolvem problemas emocionais, sociais e familiares.

Deixem-me começar esta explanação respondendo a duas questões preliminares que muitas vezes incomodam pais que se confrontam pela primeira vez com o tratamento de uma criança com distúrbios de aprendizagem: "O que significam todos os termos que ouço para descrever meu filho?" e "O que causa esses distúrbios de aprendizagem? De quem é a culpa?"

O QUE SIGNIFICAM TODOS OS TERMOS QUE SE APLICAM AO MEU FILHO?

Como chamaremos essa criança ou adolescente com distúrbios de aprendizagem? Cada um parece ter um nome diferente para alguém com esse grupo de sintomas. Vamos dar uma rápida passada pela história recente de nosso conhecimento desse problema e rever alguns dos diferentes rótulos que foram usados para descrevê-lo.

A pesquisa na década de 1940, em jovens com dificuldades de aprendizagem com bases neurológicas, sugeria que seus problemas eram causados por dano cerebral. Mas, como essas crianças pareciam bem normais, os pesquisadores concluíram que esse dano cerebral devia ser muito leve. Assim, o rótulo mais antigo usado — e alguns ainda o usam hoje — foi *Dano Cerebral Mínimo*. Gradualmente, contudo, a observação e os testes revelaram que não era possível encontrar nenhuma evidência de dano na maioria dessas crianças. De fato, a pesquisa começou a indicar a idéia de que a causa do problema estava no *como* o cérebro funciona — ou seja, que é um problema fisiológico. Todos os mecanismos do cérebro estão presentes e em condições de operar, mas uma parte da "fiação" não trabalha como devia. Os cientistas, então, criaram um termo para sugerir esse mau funcionamento. O prefixo *dis-*, que significa "dificuldade", foi incorporado, e o termo *Disfunção Cerebral Mínima*, muitas vezes abreviado como DCM, passou a ser usado.

Durante as décadas de 1960 e 1970, profissionais de diferentes disciplinas estudaram intensamente esse problema. Como cada disciplina treina seus especialistas e subespecialistas de maneiras variadas e usa um vocabulário diferente para fazê-lo, cada pesquisador descrevia o que encontrava de maneiras diferentes, muito semelhante aos cegos quando estudaram o elefante. Somente agora, na década de 1980, estamos começando a ver como é o elefante.

Educadores especializados em crianças com problemas escolares — o pessoal da "educação especial" — estudaram essas crianças. Usando rótulos que estavam estabelecidos há muitos anos nas escolas de educação, alguns enquadraram os diversos distúrbios de aprendizagem em grandes categorias que englobavam problemas específicos. Chamaram o problema com a leitura de *dislexia*, e a criança que o tinha, disléxica. A criança com problemas de escrita tinha *disgrafia* e era chamada de disgráfica. Dificuldade com aritmética, eles chamaram de *discalculia*. Outros educadores especiais acharam esses termos muito gerais e decidiram por uma terminologia que identificava os problemas de aprendizagem pela área específica de dificuldade. Assim, entre os *Distúrbios de Aprendizagem Específicos*, estão os que envolvem *percepção, seqüência, memória, problemas motores* e os que se referem a *problemas de linguagem.*

As crianças que não podiam ficar quietas ou não podiam se concentrar também chamaram a atenção dos médicos e de outros pesquisadores médicos. Chamaram as crianças superativas de *hiperativas* ou *hipercinéticas* (*hiper*: sobre, em excesso; *kinesis*: movimento). As crianças que não podiam se concentrar, eles rotularam de *distraídas*, ou disseram que elas estavam sofrendo de *Distúrbios Deficitários de Atenção.*

Muitas crianças e adolescentes com dificuldades de comportamento, que incluíam distúrbios de aprendizagem, foram examinadas por psiquiatras, psicólogos e assistentes sociais. Os peritos nesses campos observaram que os problemas emocionais podiam tanto ser a *causa* de uma criança ter problemas de desempenho na escola como a *conseqüência* das frustrações e dos fracassos que resultaram de mau rendimento escolar.

Agora, voltando ao nosso problema, como devemos chamar essas crianças e o que significam os rótulos? A maioria dos médicos usa os termos *Disfunção Cerebral Mínima* ou *Distúrbio Deficitário de Atenção*. A maioria dos educadores se refere a *Distúrbios Específicos de Aprendizagem*. Os rótulos específicos que você vê ou ouve, aplicados ao seu filho, revelam a orientação da pessoa que os emprega — o campo em que ela foi treinada e os anos durante os quais a pessoa estudou distúrbios de aprendizagem na faculdade e no curso de pós-graduação. (Os termos nos livros-texto tendem a gozar de uma certa aceitação, depois mudam em favor de outros novos, alguns mais descritivos; outros, menos.)

O importante para você saber e lembrar é que todos esses termos se referem a um mesmo problema básico, na mesma criança. Não deixe que os rótulos que usei aqui, ou os que seu médico, a professora de seu filho ou um avaliador usem, venham a confundi-lo. Cada um que você consultar vai querer falar sobre o aspecto do problema no qual ela ou ele se especializou. Não pense que os termos que usam se referem, todos, a diferentes distúrbios só porque alguém usa uma orientação diferente. Todos esses termos são simplesmente nomes para diferentes partes do mesmo problema. O problema é bastante grande tal como é, sem complicá-lo.

QUAIS SÃO AS CAUSAS DOS DISTÚRBIOS DE APRENDIZAGEM E PROBLEMAS ASSOCIADOS?

Antes de continuar com meu trabalho aqui — descrever os distúrbios de aprendizagem, seu diagnóstico, seu tratamento e o papel que lhe cabe para lidar com tudo isso — gostaria de elucidar essa questão. Uma vez que os pais se conscientizam de que têm uma criança ou um adolescente com distúrbios de agrendizagem e têm de aceitar o fato, eles imediatamente perguntam: "Como isso pôde acontecer? Por que isso aconteceu?", como se o conhecimento da causa de alguma coisa implique o conhecimento de sua cura. (No mínimo, a maioria se sente melhor quando tem alguma coisa concreta para culpar.)

Com relação às causas dos distúrbios de aprendizagem, Hiperatividade e Dificuldade de Concentração, nós simplesmente não sabemos muito. Algumas pesquisas sugerem possíveis desequilíbrios químicos no cérebro. Outra tenta explorar amplos assuntos nutricionais que podem ter alguma relação com esses desequilíbrios químicos. Mas, provavelmente, não há apenas uma causa. Várias coisas, várias combinações de coisas podem ter acontecido ao sistema nervoso. Na maioria dos casos, não temos meio de reconstruir o que realmente aconteceu com uma criança. Avaliei crianças cujas histórias incluíam problemas sérios durante o parto, no qual um dano cerebral é muito possível. Porém, outras crianças, com partos completamente normais, têm distúrbios idênticos.

Posso, pelo menos, compartilhar com você o que sabemos e o que o atual estágio de conhecimentos sugere sobre essas causas.

Dano cerebral

Algumas crianças com distúrbios de aprendizagem podem ter súbito dano cerebral. Problemas com a circulação do sangue, ou com produtos químicos que normalmente não aparecem no corpo, chamados "toxinas" ou com outros produtos existentes no corpo, mas em níveis mais altos ou mais baixos do que o normal, chamados "metabolitos", todos podem afetar o desenvolvimento do sistema nervoso do feto, durante a gravidez, ou no parto. Certas infecções por vírus também podem causar dano no cérebro em desenvolvimento. Intrusões ou acidentes semelhantes podem ter algum impacto no sistema nervoso do bebê durante os críticos primeiros meses ou anos de vida — envenenamento por chumbo, por exemplo, ou traumatismos, febre alta ou certas infecções.

Um distúrbio resultante de tais causas pode ser mais ou menos intenso, dependendo de quando, no desenvolvimento do cérebro, o problema ocorreu. No fim do espectro de conseqüências está a morte fetal ou infantil. No meio pode estar a paralisia cerebral, epilepsia e o retardo mental. A conseqüência menos severa *pode ser* o distúrbio de aprendizagem, a Hiperatividade e a Dificuldade de Atenção. Mas não há maneira de se prever isso, e não podemos muitas vezes fazer tal correlação, mesmo depois de ocorrido.

Retardo de maturação

Em algumas crianças, o cérebro amadurece mais lentamente que o normal. Seu filho pode ter apresentado um retardo na coordenação muscular, em se sentar, ficar em pé e em andar, até uma idade mais avançada que o normal. Ou a fala pode ter sido retardada, não se iniciando, talvez, até a idade de quatro ou cinco anos. Ou alguns reflexos infantis iniciais, como por exemplo a extensão do braço quando a cabeça é virada, ou o arquear das costas, não desapareceram tão rapidamente quanto normalmente deveriam.

Menos aparentes que os retardos de coordenação muscular ou da fala são os do desenvolvimento da percepção auditiva, percepção visual, capacidade de abstração, memória e outras funções. O cérebro apresenta maiores velocidades de desenvolvimento entre três e dez meses; entre dois e quatro anos; entre seis e oito anos; entre dez e doze anos e entre quatorze e dezesseis anos. A maturação final do cérebro não está completa até que a pessoa atinja seus trinta e poucos anos. Os cérebros das meninas tendem a crescer e amadurecer mais rapidamente — isto é, mais cedo dentro desses espaços de idade — do que os dos meninos. O cérebro de seu filho pode ter-se, simplesmente, desenvolvido mais lentamente, e, então, dado um salto para a frente em uma idade mais avançada que a média.

O retardo de maturação pode causar distúrbios de aprendizagem em algumas crianças. O problema é que o diagnóstico é feito em retrospectiva. Nesse momento, não podemos dizer que ocorreu um retardo, enquanto ele não estiver remediado. Durante a existência do retardo, os distúrbios de aprendizagem e outros comportamentos indesejáveis ocorrem e o tratamento deve continuar. (É bom, contudo, ser a pessoa que está trabalhando com a criança quando a maturação subitamente se apresenta. Não apenas ter o prazer de ver a melhora, como também receber o crédito por ela.)

Genética

Alguns estudos sugerem que mais ou menos de vinte e cinco a quarenta por cento das crianças e dos adolescentes com distúrbios de aprendizagem aparentemente herdaram um tipo de sistema nervoso que é vulnerável a esse problema. Tende a ocorrer em famílias: irmãos e irmãs podem ter dificuldades semelhantes; a mãe ou o pai podem lembrar-se de tal problema; um tio, uma tia ou um primo podem ter tal condição. Se um dos gêmeos idênticos tem problemas de aprendizagem, é mais provável o outro os ter do que se fosse gêmeo fraterno. Mas não sabemos qual o código genético que explica isso, e não sabemos por que é mais provável a ocorrência com meninos do que com meninas.

Algumas das pessoas com quem trabalhei, que tinham distúrbios de aprendizagem e pais ou parentes próximos com os mesmos problemas, são, hoje, adultos jovens. Perguntam se devem ter filhos, ou se devem ser cuidadosos não casando com alguém que tenha os mesmos problemas. Sugiro que a pessoa não escolha por quem vai se apaixonar. Encorajo-a a ter filhos, se os quiser, mas que seja muito sensível ao desempenho pré-escolar e escolar de seus filhos. Se as crianças vierem a ter problemas, não será a pior coisa do mundo. O auxílio está disponível.

Embora não esteja diretamente relacionado com um tema genético, há uma outra observação clínica que deve ser notada. A incidência de distúrbios de aprendizagem é quatro vezes mais comum em crianças adotadas que nos filhos legítimos. Não sabemos como explicar isto. Possivelmente, as mães que dão seus filhos para adoção recebem um cuidado menos adequado durante a gravidez ou têm uma dieta menos apropriada. Não sabemos.

Bioquímica

O cérebro se compõe de milhões e milhões de células nervosas, cada uma delas em comunicação com as outras. Esta comunicação deve realizar-se de maneira que apenas uma outra célula, a correta, seja atingida. Cada célula produz diminutas quantidades de produtos químicos específicos que passam por um espaço microscópico e estimulam a célula correta vizinha. Esses produtos químicos são chamados "neurotransmissores", porque transmitem mensagens entre as células nervosas, os "neurônios". Uma vez realizada a passagem, chamada "sinapse", outro processo químico ocorre e divide ou neutraliza o neurotransmissor.

O cérebro produz muitos tipos diferentes de neurotransmissores. Conhecemos, agora, cinqüenta. Suspeitamos que haja em torno de duzentos. Algumas das pesquisas recentes mostram que crianças e adolescentes com distúrbios de aprendizagem, Hiperatividade e/ou Dificuldade de Atenção devem ter uma deficiência de um ou mais desses neurotransmissores ou que estes estejam em processo de destrução. Normalmente o neurotransmissor que está sendo mais freqüentemente estudado é a norepinefrina ou os produtos de sua decomposição, dopa e dopamina.

Há outras atividades químicas e uma expansão de conhecimentos sobre essas atividades. Esses mecanismos químicos controlam o cérebro e as interações de comportamento. Novas pesquisas, a nível molecular, no processo genético de transferir mensagens do gene condutor de hereditariedade para o cérebro em desenvolvimento, oferecem muitas promessas. Mensageiros químicos específicos, chamados "neuroendócrinos", viajam pelo cérebro durante todo o desenvolvimento fetal. Cada um se liga à célula ou ao grupo de células particular que tem o receptor correto para esse produto químico. Essa ligação resulta no crescimento dessas células. Cada dia, diferentes locais são estimulados a crescer num processo muito exato e complexo, lentamente tecendo juntos as redes de neurônios que constituem o cérebro humano.

Poderiam esses mensageiros genéticos ser afetados, gerando um cérebro diferentemente formado? Poderia isso explicar o padrão familiar de distúrbios de aprendizagem herdados? Poderiam certas drogas ou outros produtos químicos interferir no processo dos mensageiros bioquímicos, resultando na ausência de crescimento do cérebro naquele dia ou época específica em que o produto estivesse presente? E iria este bloqueio, durante um breve tempo, causar um impacto em outra área de crescimento do cérebro que deveria ligar-se a essa área de não crescimento? A pesquisa em genética molecular e biologia celular oferece a promessa de tais respostas e, com elas, a esperança da prevenção ou de possível tratamento.

Lateralização da função cerebral

O cérebro adulto tem a maioria das suas funções situadas à esquerda, ou à direita. Essa lateralização, isto é, a tomada de posição de um lado ou de outro das funções cerebrais especializadas, começa durante o crescimento fetal e continua por toda a infância e mais além. Pesquisa recente mostra que algumas crianças com distúrbios de aprendizagem alteraram os padrões de lateralização de funções cerebrais específicas. Entretanto, as aplicações dessa pesquisa necessitam de estudo mais adiantado.

CONCEITOS BÁSICOS

Agora que você tem uma idéia do que *não* sabemos sobre as causas dos distúrbios de aprendizagem e dos comportamentos associados, pode entender por que não podemos falar em termos de "prevenção" ou "cura". Podemos falar apenas de "tratamento", mas é tratamento com um prognóstico muito favorável. À medida que você vai procurando o tratamento adequado para seu filho, tenha essas quatro idéias firmemente no pensamento. Necessitará delas para compreender tudo que acontecer a você de agora em diante.

1. Seu filho *não* é mentalmente retardado, nem é a criança *primariamente* perturbada emocionalmente.
2. Seu filho provavelmente tem grupo de dificuldades muitas vezes associadas — distúrbio de aprendizagem, Hiperatividade, Dificuldade de Atenção e problemas emocionais, sociais e familiares. Saiba quais seu filho tem.
3. Esses distúrbios não são apenas problemas escolares. Eles interferem em todos os aspectos da vida de seu filho — em casa, com os amigos, nos esportes, nas outras atividades. Você tem de aprender a entender cada aspecto dos distúrbios de seu filho e como eles o afetam em todos esses aspectos, assim como a você e aos membros de sua família.
4. Você deve aprender a buscar forças para compreender e compensar os pontos fracos. Se possível, nunca exagere as dificuldades.

Os problemas de seu filho podem parecer esmagadores. Mas lembre-se sempre do que acabei de dizer em outro contexto. Embora essa condição seja difícil, não é a pior coisa do mundo. Muitas e muitas pessoas podem auxiliá-lo a compreender melhor, não só a sua situação e a de seu filho, mas quais soluções são eficazes. Você deve saber o máximo possível sobre o que perguntar, a quem perguntar e o que pedir. As pessoas que você conhecer o ajudarão a aprender mais o que você e o seu filho podem fazer. Apenas você está suficientemente motivado para procurar os exames apropriados e as soluções construtivas. Somente você conhece seu filho suficientemente bem para verificar se ele está recebendo o melhor auxílio que você pode encontrar.

3

OS DISTÚRBIOS DE APRENDIZAGEM ESPECÍFICOS

Todos nós temos áreas em que aprendemos muito rapidamente. Uns poucos podem até parecer excelentes em áreas limitadas, com pouca necessidade de aprendizagem aparente: como o atleta "natural", o "gênio" musical, o artista "dotado". Todos nós também temos áreas nas quais nossas capacidades nunca serão mais que normais, e poucas em que não conseguimos aprender coisa alguma. O jovem com distúrbios de aprendizagem tem áreas mais fortes e de capacidade normal também. Essa criança, porém, tem maiores áreas, ou áreas diferentes, de fraca aprendizagem do que a maioria das pessoas. Cada indivíduo apresenta um padrão diferente de capacidades e pontos fracos. Você deve saber, o máximo que puder, sobre o padrão de seu filho, os distúrbios, naturalmente, mas também as capacidades. O que seu filho *pode* fazer, e pode realmente fazê-lo bem, é justamente tão importante quanto o que ele não pode fazer, porque isso é o que você dispõe como base.

Você pode ter suspeitado de um distúrbio de aprendizagem antes de seu filho entrar para a escola. Essa preocupação se tornou real quando ele deixou de aprender o que estava sendo ensinado.

Ele pode ter lido letras ao contrário ou as confundido. Ou pode ter compreendido mal o que você dizia ou ter sido lento no desenvolvimento da fala ou da coordenação motora.

Para falar um pouco mais utilmente sobre distúrbios de aprendizagem, permita-me delinear rapidamente um simples esquema descrevendo o que o cérebro deve fazer para que a aprendizagem se realize. O primeiro passo é a *entrada*, recebimento da informação no cérebro, vinda dos olhos, dos ouvidos, do nariz, da boca, de terminações nervosas especiais na pele e nos músculos. Uma vez chegada essa informação, o cérebro precisa dar-lhe sentido, num processo chamado *integração.* Em seguida, a informação deve ser arquivada e recuperada posteriormente, o processo da *memória.* Finalmente, o cérebro deve mandar alguma espécie de mensagem de volta aos nervos e músculos — sua *saída.*

O cérebro faz muito mais do que isso, mas compreendemos pouco uma grande parte disso. Contudo, esse esquema simplificado servirá para nossos propósitos. Mais uma vez, então, os processos de aprendizagem são:

Entrada
Integração
Memória
Saída

DISTÚRBIOS DE ENTRADA

A informação chega ao cérebro como impulsos, transmitidos ao longo dos neurônios, principalmente por nossos olhos — chamados de "entrada visual" — e de nossos ouvidos — chamados de "entrada auditiva". Esse processo de entrada se realiza no cérebro. Não é pertinente a problemas visuais, tais como miopia ou hipermetropia, ou a quaisquer problemas de audição. Esse processo de entrada de visão ou audição, ou qualquer outra forma de absorver ou perceber o ambiente, é mencionado como "percepção". Assim, falamos de uma criança que tem um distúrbio de percepão na área de entrada visual como tendo um *distúrbio de percepção visual*, e a que tem um distúrbio na área da entrada auditiva como tendo um *distúrbio de percepção auditiva.* Algumas crianças têm *ambas* as espécies de distúrbio de percepção, ou podem ter problemas quando ambas as entradas são requisitadas *ao mesmo tempo* — por exemplo, ver o que a professora escreve no quadro-negro enquanto ouve a exposição sobre o que está sendo escrito.

Distúrbios de percepção visual

Seu filho pode ter dificuldade de definir a posição e a forma do que vê. A entrada pode ser percebida com letras ao contrário ou giradas: um *e* pode parecer com um ə; e *E* pode parecer um *W*, ou um *Ɛ*, ou um *M*. A criança pode confundir letras semelhantes por causa dessas rotações e inversões: *d, b, p, g* e *q* podem ser confundidas com qualquer uma das outras. A palavra *avó* pode ser percebida como *ova*. Essa confusão com posição de entrada mostra-se quase imediatamente quando a criança começa a ler, a escrever ou a copiar letras ou desenhos.

Uma outra criança pode ter um problema de "figura-e-fundo", isto é, dificuldade de focalizar a figura importante no meio de todas as outras entradas visuais no ambiente. Isso ocorre em situações da vida real assim como na visão de material impresso ou imagens eletrônicas. Por exemplo, a criança recebe o pedido de passar o saleiro, mas tem dificuldade de achá-lo entre os diversos pratos e travessas. A leitura exige a focalização nas letras ou grupos de letras específicas, depois prosseguindo da esquerda para a direita, linha após linha. Crianças com esse distúrbio podem ter problemas de leitura. Pulam palavras e até linhas.

O cálculo de distância é uma outra tarefa de percepção visual que pode ir mal. Seu filho pode errar na avaliação da profundidade, esbarrando nas coisas, caindo de uma cadeira ou derrubando uma bebida porque a mão procura alcançá-la muito mais longe. O que você julga ser falta de cuidado habitual ou visão defeituosa pode, de fato, ser exatamente essa espécie de erro de percepção.

Há outros tipos de problemas de percepção visual. Quando está brincando em um campo aberto ou em um ginásio, seu filho pode se confundir e desorientar por ter problema em determinar sua posição no espaço. Ou a criança pode ter dificuldade em entender esquerda ou direita, ou acima e abaixo.

Um tipo muito comum de distúrbio de percepção visual relaciona-se com fazer coisas quando os olhos têm de dizer às mãos ou pernas o que fazer. Quando uma informação é insegura, atividades como pegar uma bola, pular corda, fazer quebra-cabeças ou usar um martelo e pregos se tornam difíceis ou impossíveis. Para apanhar uma bola, os olhos devem focalizar a bola (figura-e-fundo), o cérebro deve perceber a posição correta e o trajeto da bola (percepção em profundidade) e dizer às várias partes do corpo exatamente para onde se mover e quando, e então o corpo deve obedecer. Uma criança com má percepção de distância ou velocidade, ou cujo cérebro orienta erradamente o corpo, não apanhará a bola de maneira alguma.

Distúrbios de percepção auditiva

Tal como com a percepção visual, seu filho pode ter dificuldade com um ou vários aspectos da percepção auditiva. Os que têm dificuldade de distinguir diferenças sutis em sons irão compreender errado o que você está dizendo e responderão incorretamente. Palavras que soam semelhantemente são muitas vezes confundidas — "bala" e "bola". Perguntei uma vez a uma criança: "Como está você?" Ela respondeu: "Estou na escola." Pensou entender "onde" em vez de "como".

Algumas crianças têm dificuldade com figura-e-fundo auditiva. Ele ou ela pode estar vendo televisão em uma sala onde outros estão brincando e falando. Você está na cozinha e chama a criança. Você pode estar em seu terceiro parágrafo antes que ela comece a perceber sua voz (figura) fora das outras entradas de som (fundo). Parece que seu filho nunca escuta ou presta atenção.

Lembro-me de observar Mary na sala de aula de sua quarta série. Ela fora avaliada e descobriram que tinha distúrbios de aprendizagem, um dos quais era um problema de figura-e-fundo auditivo. Mais tarde, ela me auxiliou a compreender o que eu observara, mas vou contar a história de como isso aconteceu. Ela estava na carteira, lendo uma história. Outras crianças estavam falando no fundo da sala; havia barulho de movimento no corredor e do tráfego do lado de fora. A professora disse, repentinamente: "Crianças, vamos estudar matemática. Abram o livro na página 38 e resolvam o problema cinco." Mary olhou e viu sua amiga apanhar o livro de matemática. Fez o mesmo, então. Olhou sobre o ombro do menino à sua frente para ver qual a página em que ele estava. Nesse momento, a professora gritou: "Mary, pare de incomodar o John e comece a trabalhar." Ela então me viu sentado no fundo da sala e disse: "Veja o que eu digo." Mary estava confusa e magoada porque não sabia o que tinha feito de errado. Naturalmente, no momento em que se conscientizou de que a professora estava falando, ela apenas ouviu "e resolvam o problema cinco". Mas a professora estava frustrada porque nada sabia sobre os distúrbios de Mary.

Algumas crianças não podem processar entradas de som tão rapidamente quanto as pessoas normais. Isso é chamado de "retardo auditivo". Se você falar em uma velocidade normal, a criança pode perder parte do que você estiver dizendo. Você tem de falar devagar, ou dar instruções separadas, antes que ela o acompanhe. Se você tiver dito "Está ficando tarde — vá lá em cima, lave o rosto e ponha o pijama e, então, desça para comer alguma coisa", seu filho pode ouvir apenas a primeira parte e ficar lá em cima. Se você tivesse dado a primeira parte das instruções, depois esperado uns poucos segundos antes de juntar o resto, então a criança poderia ter ouvido tudo.

Distúrbios com as entradas de outros sentidos

Algumas crianças parecem não ser capazes de compreender entradas táteis ou tocar nitidamente, e parecem não gostar de ser tocadas. Crianças que são desajeitadas podem estar tendo dificuldades com mensagens chegadas ao cérebro vindas de certas terminações nervosas nos músculos (chamadas "proprioceptoras"). Atualmente sabemos muito pouco sobre tais distúrbios de percepção. Estudos futuros nos auxiliarão a compreendê-los melhor. Temos também de esperar por futuros estudos para melhor conhecimento dos distúrbios do cheiro e do paladar.

DISTÚRBIOS DE INTEGRAÇÃO

Uma vez que a informação vinda ao cérebro é registrada, tem de ser compreendida. Pelo menos duas fases são necessárias para isso: seqüência e abstração.

Suponha que seu cérebro tenha registrado os três símbolos gráficos seguintes: um *a,* um *v* e um *o.* Nenhum problema com percepção visual. Mas, para a percepção fazer sentido, você tem de colocar os símbolos na ordem correta, ou seqüência. É a-v-o, ou o-v-a, ou a-o-v ou o quê? Então você tem de deduzir o sentido pelo contexto em que a palavra é usada, tanto um significado geral quanto um específico. Por exemplo, *a avó* e *sua avó* têm significados muito diferentes. A capacidade de apreender aplicações gerais de palavras específicas e juntar variações sutis aos significados básicos de palavras é chamada de "pensamento abstrato".

O processo de integrar a entrada, de compreender o que seu cérebro registrou, exige, então, tanto *seqüência* como *abstração.* Seu filho pode ter um distúrbio em uma área ou outra, ou em ambas. Uma criança que tem dificuldade em dar seqüência ao que vem dos olhos é designada como tendo *distúrbio de seqüência visual.* Se a dificuldade existe com o que vem por meio dos ouvidos, chama-se *distúrbio de seqüência auditiva.* Assim, também, a criança pode ter dificuldade com *abstração visual* e *abstração auditiva.*

Distúrbios de seqüência

Uma criança com tal distúrbio pode ouvir ou ler uma história mas, ao recontá-la, começa no meio, volta ao princípio e, então, retorna ao final. Eventualmente, toda a história aparecerá, mas a seqüência dos acontecimentos estará errada. Ou a criança poderá ver o problema de matemática 16 + 3 = ? no quadro-negro, mas escreverá 61 + 3 = ? Ou poderá ver 2 + 3 = ? e escreverá 2 + 5 = 3. A criança sabe qual é a resposta correta, mas faz a seqüência errada. A grafia de palavras com todas as letras certas, em uma ordem errada, pode também refletir esse distúrbio.

Ou uma criança pode memorizar uma seqüência — os dias da semana, por exemplo — e então ser incapaz de usar uma unidade da seqüência corretamente. Se você perguntar o que vem depois da quarta-feira, a criança não pode responder espontaneamente, tem que voltar por toda a lista, "domingo, segunda-feira, terça-feira, quarta-feira...", antes de poder responder.

Uma criança com distúrbio de seqüência pode bater na bola de beisebol e, então, correr para a terceira base em vez da primeira ou pode ter dificuldade com jogos de tabuleiro que requeiram um movimento em uma seqüência específica. Ou, quando estiver pondo a mesa para o jantar, pode ter problema em colocar cada coisa em seu devido lugaı.

Distúrbios de abstração

Uma vez a informação registrada no cérebro e colocada na seqüência correta, a pessoa deve poder deduzir um significado. A maioria das crianças com distúrbio de aprendizagem tem apenas pequenos problemas nessa área. Abstração — a capacidade de deduzir o significado geral correto de uma determinada palavra ou símbolo — é uma tarefa intelectual muito básica. Se o distúrbio nessa área é muito grande, a criança poderá estar agindo em um nível retardado.

Algumas crianças têm, contudo, problemas com abstração. A professora pode estar fazendo um exercício de criatividade com um grupo da segunda série. Digamos que esteja lendo uma história sobre policiais. A professora, então, começa uma discussão sobre policiais em geral, perguntando aos alunos se conhecem qualquer homem ou mulher que seja policial na sua vizinhança e, caso positivo, o que é que eles fazem? Uma criança com um distúrbio de abstração pode não ser capaz de responder a uma tal pergunta. Ela só pode falar sobre o policial da história e não sobre os policiais em geral.

DISTÚRBIOS DE MEMÓRIA

Uma vez a informação tenha sido recebida, registrada no cérebro e integrada, tem de ser arquivada para que possa ser recordada mais tarde. A esse processo de arquivamento-recordação chamamos de memória, e há dois tipos: memória a curto prazo e memória a longo prazo.

A *memória a curto prazo* é o processo pelo qual você guarda a informação enquanto estiver se concentrando nela. Por exemplo, quando você chama a telefonista para saber um número de longa distância, você recebe um número de dez algarismos com um código de área. Como a maioria das pessoas, você provavelmente pode reter esses algarismos o tempo suficiente para discar o número se o fizer imediatamente e nada perturbar sua atenção. Contudo, se alguém começar a lhe falar durante a discagem, você poderá esquecer o número. Ou você pode ir à loja com cinco coisas na mente para comprar, mas, até chegar lá, tantas impressões diferentes intervieram que você se esqueceu de uma ou duas coisas de sua lista.

Memória a longo prazo se refere ao processo pelo qual você arquiva informação que repetiu muitas vezes. Você pode recordar-se dessa informação rapidamente ao pensar nela — poderá lembrar o endereço de sua casa e o número de seu telefone rapidamente — ou pode levar um pouco mais de tempo e esforço, por exemplo, para pensar no endereço da casa de sua mãe.

Se seu filho tem um distúrbio de memória, é mais provável que seja um de curto prazo. Assim como os distúrbios de abstração, os de memória a longo prazo interferem tanto no desempenho, que as crianças que os têm são mais indicadas para ser classificadas como retardadas. Podem ser necessárias dez a quinze repetições para que uma criança com esse problema retenha o que a criança média consegue depois de três a cinco repetições. Contudo, a mesma criança não tem problema com memória a longo prazo. Seu filho provavelmente o surpreende, algumas vezes, por se lembrar de detalhes que você tinha esquecido sobre alguma coisa que aconteceu há vários anos.

Um distúrbio de memória a curto prazo pode ocorrer com informação obtida pelo que se vê — *distúrbio de memória a curto prazo visual* — ou com informação vinda pelo que se ouve — *distúrbio de memória a curto prazo auditiva*. Muitas vezes os dois estão combinados. Por exemplo, você pode estar estudando ortografia, uma noite, com seu filho. Ele olha a lista várias vezes, ouve-a, e pode escrever as palavras corretamente de memória. Parece tê-las de cor, mas é porque está se concentrando nelas. Na manhã seguinte, ele terá se esquecido da maioria ou de todas as palavras. Ou uma professora pode explicar um conceito de matemática na turma até que sua filha o compreenda — ela está se concentrando nele. Porém, quando ela volta para casa e vai fazer o trabalho de casa, esqueceu-se completamente do que fazer para resolver o problema.

David tinha quinze anos quando comecei a trabalhar com ele. Sabia-se que tinha distúrbios de aprendizagem e estivera em turmas de educação especial. Estava agora em turmas normais e vinha se saindo mal em comparação com seus colegas. Durante as primeiras sessões começava a me dizer alguma coisa e, de repente, dizia "ah esqueci-me" e parava. Seus pais relataram esse comportamento em casa e isso os fazia ficar irritados com ele. Finalmente, pedi a David para me ajudar a compreender essa situação. Ele não pôde. Disse-lhe, então, que sabia que ele tinha um problema de memória e imaginava que isso tinha alguma coisa a ver com a situação. Ele pareceu embaraçado enquanto explicava que, algumas vezes, começava a dizer alguma coisa e então "na metade da frase eu esquecia onde tinha começado e o que queria dizer. Ficava tão danado comigo mesmo que só dizia: Esquece". Isso acontecia muitas vezes quando estava com amigos também e a maior parte do tempo ele apenas ficava calado para não se arriscar "a parecer um maluco".

DISTÚRBIOS DE SAÍDA

A informação sai do cérebro seja por meio de palavras — saída de linguagem — ou por uma atividade muscular, tal como escrever, desenhar, gesticular etc. — saída motora. Uma criança ou um adolescente pode ter um *distúrbio de linguagem* ou um *distúrbio motor.*

Distúrbios de linguagem

Duas formas de linguagem são usadas na comunicação, linguagem espontânea e linguagem de demanda. Usa-se *linguagem espontânea* em situações em que você inicia o que é dito. Aqui você pode escolher o assunto, usar certo tempo para organizar seus pensamentos e encontrar as palavras corretas antes de dizer qualquer coisa. Numa situação de *linguagem de demanda*, uma outra pessoa estabelece uma circunstância na qual você tem de se comunicar. Uma pergunta lhe é feita, por exemplo. Agora você não tem tempo para organizar seus pensamentos ou encontrar as palavras adequadas; tem apenas uma fração de segundo na qual tem de simultaneamente organizar, encontrar palavras e responder mais ou menos apropriadamente.

Crianças com *distúrbio específico de linguagem* geralmente nã têm dificuldade com linguagem espontânea. Têm, porém, muita vezes problemas com a linguagem de demanda. A incompatibilidade pode ser bastante impressionante. Um jovem pode iniciar todas as espécies de conversação, não se manter calado nunca, na verdade, e parecer bastante normal. Mas, colocado em uma situação que exija uma resposta, a mesma criança pode responder "Hum?", ou "O quê?" ou "Não sei". Ou pode pedir-lhe para repetir a pergunta para ganhar tempo e não responder inteiramente. Se a criança for forçada a responder, a resposta pode ser tão confusa ou circunstancial que é difícil acompanhá-la. Ela pode parecer totalmente diferente da criança que estava falando tão fluentemente há apenas um minuto. Essa incompatibilidade, ou confusão, no comportamento lingüístico, muitas vezes surpreende pais e professores. Uma professora pode classificar uma criança como preguiçosa ou negativa porque ela se sai bem quando fala ou responde uma pergunta voluntariamente, mas não responde ou diz "Eu não sei" quando interrogada. A explicação pode estar na incapacidade de a criança usar linguagem de demanda, mas um comportamento contraditório como esse só terá sentido se você souber algo sobre o distúrbio.

Distúrbios de atividade motora

Se uma criança tem dificuldade de usar grandes grupos musculares, chama-se a isto *distúrbio de atividade motora grosseira.* A dificuldade de executar tarefas que requeiram que muitos músculos trabalhem juntos de uma forma integrada é chamada de *distúrbio de atividade motora fina.*

Distúrbios de atividade motora grosseira podem tornar seu filho desajeitado, fazê-lo cair sobre as coisas ou ter problemas com atividades físicas generalizadas como correr, escalar ou nadar.

A forma mais comum de distúrbio de atividade motora fina se apresenta quando a criança começa a escrever. O problema reside em uma incapacidade de fazer os muitos músculos da mão dominante trabalhar juntos como uma equipe. As crianças e os adolescentes com esse distúrbio de "linguagem escrita" têm uma grafia lenta e feia. Uma expressão típica desse problema é: "Minha mão não vai tão depressa quanto a minha cabeça está pensando."

Repare em sua própria mão quando você escreve alguma coisa e note as atividades dos muitos músculos finos detalhados que são exigidas para escrever legivelmente. Escrever exige um constante fluxo de tais atividades. Agora coloque a caneta em sua mão não dominante e tente escrever. Se você for lentamente, é entediante, mas sua grafia é legível. Se você for a uma velocidade normal, sua mão dói e sua grafia se deteriora imediatamente. Forma, tamanho, espaçamento, posicionamento — tudo isso parece horrível, por mais esforço que você faça. Uma criança com um distúrbio de atividade motora fina atravessa isso todo o tempo.

Quando uma criança tem um problema de percepção visual, o cérebro, que registrou ou processou incorretamente a informação, comunicará errado, provavelmente, aos músculos, durante as atividades que requeiram a coordenação olho-mão. Já mencionamos esses *distúrbios da coordenação viso-motora* na seção de Distúrbios de Percepção Visual.

Jill, da primeira série do segundo grau, ilustra esse problema. Era brilhante, mas tinha distúrbios de aprendizagem. Seu distúrbio de linguagem escrita era uma grande frustração. Sua mão apenas não trabalhava tão rápido quanto seu cérebro. "Quando tenho de escrever alguma coisa em aula ou fazer uma prova de redação, tenho duas escolhas. Ou retardo meus pensamentos para a velocidade com que minha mão escreve, e não acabo, ou acelero minha mão para emparelhar com meus pensamentos, mas escrevo tão mal que a professora me dá nota baixa ou cometo erros estúpidos de ortografia e de gramática." Jill tinha dificuldade com exames de múltipla escolha, especialmente quando havia uma folha de resposta separada, onde se tem de marcar o espaço correto. Ela marcava o espaço errado ou pulava uma linha, e então o computador marcava todas as respostas restantes como erradas. Ela aprendeu a compensar, parando após cada dez ou mais questões e verificando se tinha marcado o lugar correto. Isso tomava tempo, contudo, e uma vez ela observou: "Eu gostaria que a escola me classificasse pelo que eu sei, em vez de pelo que eu consigo colocar num pedaço de papel."

ESTABELECENDO O PERFIL DE SEU FILHO

Obviamente o processo de aprendizagem é muito mais complexo, mas esse simples modelo de descrever os distúrbios de aprendizagem específicos deve ser suficiente para ajudar. O que é importante é que, se seu filho tem um ou mais desses distúrbios, você deve saber, junto com o perfil específico de capacidades e dificuldades de seu filho.

Olhe a lista de distúrbios de aprendizagem específicos abaixo. Você sabe onde estão os distúrbios de seu filho? E seus pontos fortes? Caso negativo, pergunte à equipe de educação especial de sua escola ou a quem fez o teste para esclarecê-lo.

Distúrbios de aprendizagem específicos

Entrada

Percepção visual
Percepção auditiva

Integração

Seqüência visual
Seqüência auditiva
Abstração visual
Abstração auditiva

Memória

Memória visual a curto prazo
Memória auditiva a curto prazo
Memória visual a longo prazo
Memória auditiva a longo prazo

Saída

Linguagem espontânea
Linguagem de demanda
Coordenação motora grosseira e
Coordenação motora fina

4
HIPERATIVIDADE, DIFICULDADE DE CONCENTRAÇÃO

Já vimos que o termo "Hiperatividade" se refere à criança ou ao adolescente que não pode ficar sentado quieto, que parece estar sempre em movimento. "Dificuldade de Atenção" se refere à pessoa cuja atenção é tão facilmente colhida por imagens, sons, movimentos ou qualquer outro evento, que não pode se concentrar em qualquer coisa durante qualquer espaço de tempo. As crianças com distúrbios de aprendizagem não são todas Hiperativas e/ou Dispersivas — estudos de pesquisa mostram que o número é de cerca de vinte e cinco por cento. A maioria das que são Hiperativas e/ou com Déficit de Atenção — cerca de oitenta e cinco por cento — com certeza virão a apresentar distúrbios de aprendizagem.

HIPERATIVIDADE

Nem todas as crianças superativas são Hiperativas, e a distinção entre a superatividade com base neurológica e as de qualquer outra espécie é extremamente importante. O termo "Hiperativo" é aplicado muito facilmente, hoje em dia, a muitas crianças às quais ele não se aplica. Neste livro uso "Hiperativo" para me referir exclusivamente a esse comportamento com base neurológica, tantas vezes associado com distúrbios de aprendizagem, e emprego um "H" maiúsculo para enfatizar a distinção. (O mesmo é verdadeiro com Dificuldade ou Déficit de Atenção.)

Uma criança ou um adolescente pode ser superativo por uma série de razões. A causa mais comum de tal comportamento é ansiedade. Se a superatividade se inicia depois de uma experiência estressante — o nascimento de uma criança, um divórcio, a morte de um membro da família — você pode considerar a depressão como a causa.

Mas, se o comportamento superativo existe desde que a criança nasceu é, provavelmente, Hiperatividade com base neurológica. A criança pode até ter-se mexido mais e dado muitos pontapés antes de ter nascido. Sempre em movimento, raramente se sentando quieta, a criança debatia-se em seus braços, rolava no berço e correu assim que conseguiu andar. A Hiperatividade ocorre geralmente sem nenhuma relação com eventos específicos. Não sendo limitada à escola ou a quaisquer outros momentos, acontece todo o tempo e em qualquer lugar.

Cerca de oitenta e cinco por cento de crianças Hiperativas perdem esse comportamento quando se tornam mais maduras durante a puberdade. De quinze a vinte por cento podem, contudo, permanecer Hiperativas por toda a adolescência e possivelmente no início da idade adulta. (Abordaremos essa situação, e o que fazer, nos capítulos de tratamento.)

DIFICULDADE OU DÉFICIT DE ATENÇÃO/CONCENTRAÇÃO

O comportamento distraído também tem diversas causas. A ansiedade pode causar o Déficit de Atenção. Quando você está ansioso, é difícil concentrar-se. A depressão, especialmente quando expressada por retraimento, pode parecer desligamento, distração. Quando você está deprimido e retraído, é difícil se fixar em alguma coisa.

A causa menos comum do comportamento distraído parece ser uma dificuldade específica do sistema nervoso, na qual o cérebro não filtra adequadamente entradas sensoriais. Recebemos continuamente entradas de todos os nossos sentidos. Normalmente filtramos estímulos sem importância e prestamos atenção apenas aos que são importantes. As entradas menos importantes, porém, não são bloqueadas; são simplesmente conduzidas para um nível mais baixo de consciência no cérebro e nunca aparecem com uma focalização definida. Por exemplo, você pode entrar em seu carro e dirigir para casa, verificando, então, que estava tão ocupado em outros pensamentos, que não sabe como chegou lá. As entradas que você tinha de notar — direção, freio, sinalização, pontos de referência do trajeto — foram deixadas com o cérebro e respondidas, mas você pode ter estado pensando ou sonhando acordado sobre muitas outras coisas. Ou, em um pátio, você ouve muitas crianças chamando "mamãe" ou "papai", mas você só *ouve* a voz de seu filho.

Algumas crianças, ou adolescentes, têm "sistemas de filtragem" que funcionam mal. Cada entrada passa aos níveis mais altos do cérebro e exigem atenção. Algumas são mais distraídas por fenômenos visuais que por auditivos; outras são exatamente o contrário. Mas, por causa dessa Dificuldade de Atenção, todas têm pequenos períodos de atenção.

Assim como com o comportamento Hiperativo, a história de uma criança deve indicar a causa provável do comportamento Distraído. Se o problema de atenção ocorre somente em alguns momentos ou lugares, ou apenas em conjunto com certos acontecimentos, pense em ansiedade. Se acontece depois de uma experiência estressante, pense em depressão. Mas, se a Dificuldade de Atenção e o curto período de atenção se apresentam durante toda a vida da criança, são provavelmente de base neurológica.

Tal como a Hiperatividade, cerca de oitenta e cinco por cento das crianças neurologicamente Distraídas ficam livres disso durante a puberdade, enquanto que quinze a vinte por cento permanecem Dispersivas durante a adolescência e possivelmente o início da idade adulta. (Novamente, cuido do tratamento em capítulos posteriores.)

OUTROS PROBLEMAS NEUROLÓGICOS E DE COMPORTAMENTO

Além dos distúrbios de aprendizagem, e possivelmente Hiperatividade e Dificuldade de Atenção, seu filho pode apresentar outros comportamentos problemáticos, entre eles (1) perseveração, (2) reflexos imaturos persistentes e outros sinais de um sistema nervoso imaturo e (3) impulsividade. Você pode também notar certas diferenças físicas em seu filho. Nenhuma dessas está *necessariamente* associada com distúrbios de aprendizagem. Mas, podem ocorrer em seu filho ou sua filha e devemos olhá-las brevemente. Cada uma é outro reflexo de uma dificuldade do sistema nervoso central.

Perseveração

Algumas vezes, seu filho pode repetir uma palavra ou uma frase continuamente, ou fazer a mesma pergunta repetidamente, ou começar uma atividade e persistir nela além dos limites do bom senso. Comportamento repetitivo como esse pode ser outra evidência de atividade cerebral anormal. É como se os circuitos tivessem tido um curto-circuito. O jovem coloca carros e soldados em linha, por exemplo, e depois continua a alinhá-los sem propósito definido, ou começa a falar sobre alguma coisa ou fazer uma pergunta e não consegue sair disso para outro tópico.

Não compreendemos esse comportamento, nem temos um tratamento para ele. A melhor solução é uma muito prática, embora nem sempre seja fácil. Tente ajudar a criança a quebrar o padrão. Com atividades, você pode pôr de lado os objetos que a criança está usando. Com perguntas, você pode dizer que não irá mais responder a nenhuma delas; tente, então, ignorá-las ou vá embora.

Reflexos imaturos persistentes e outros sinais de um sistema nervoso imaturo

Durante os primeiros quatro meses de vida, certas respostas automáticas do corpo, ou "reflexos", freqüentemente desaparecem. Esses reflexos são normais em um bebê recém-nascido, mas à medida que o cérebro amadurece, suprime ou controla esses comportamentos. Em algumas crianças que virão a ter distúrbios de aprendizagem, esses reflexos persistem mais tempo que o normal. Mas podem também persistir em bebês que *não* vão ter distúrbios de aprendizagem; portanto, não tome isso como um sinal, e sim como uma possível indicação.

Esses reflexos podem interferir na alimentação e no cuidado do bebê, e, se isso acontecer, pode criar sentimentos ambivalentes em você e frustrações no bebê. Embora seja muito tarde agora para oferecer ajuda, você pode olhar para trás e compreender seus sentimentos e ser capaz de pensar sobre aquela época um pouco mais realisticamente e sentir-se menos ansiosa e culpada.

Um desses reflexos é chamado de "reflexo de pescoço tônico". Quando você vira a cabeça do bebê para um lado, o braço desse lado automaticamente se estende e se move, enquanto o do outro lado dobra, indo para cima da cabeça. Esse reflexo está presente nas duas primeiras semanas de idade, atinge o máximo com cerca de dois meses e depois declina, muitas vezes desaparecendo completamente na décima sexta semana. Se persistir em seu bebê, pode notar que quando você segura a criança e vira a cabeça para a mamadeira ou o seio, o braço dele se move como se a estivesse empurrando.

Outro reflexo persistente é relacionado com um que é característico dos jovens bebês. Quando os músculos se estiram, reflexamente se contraem. Isso é chamado de "reflexo de estiramento". Quando segura seu bebê para alimentá-lo, por exemplo, pode notar que, quando você põe o dedo na mão dele, os dedos do bebê se fecham sobre o seu. Outro reflexo de estiramento ocorre quando a pressão de seu braço contra as costas do bebê faz com que os músculos das costas se contraiam — isto é, ele arqueia as costas. Se o "reflexo de arqueamento das costas" e o "reflexo do pescoço tônico" estão presentes, quando você apanha seu bebê, coloca-o nos braços e vira-o para você, o bebê parece estar se "afastando" e "empurrando você", quase como se a estivesse rejeitando. Talvez esses comportamentos tenham sido os primeiros exemplos do distúrbio "invisível" de seu filho que não foram compreendidos e que resultaram em um conflito de relacionamento. A conseqüência pode ser uma triste interação com as pessoas que são mais importantes e necessárias para o bebê — vocês, seus pais.

Uma terceira sugestão de reflexos imaturos ocorre quando a reação de susto persiste. Normalmente, se a cabeça de um bebê é abaixada ou pendurada rapidamente, ele se assusta — as costas se esticam, os braços se estendem e se movem, as mãos e os dedos são mantidos completamente abertos. As pernas podem fazer o mesmo. Este reflexo normalmente desaparece com três ou quatro meses. Se continuar além desse tempo, pode ser uma outra evidência de problemas neurológicos.

A hipersensibilidade ao toque pode ser uma outra evidência possível de um sistema nervoso imaturo durante a primeira infância. Alguns bebês julgam o toque muito desagradável e doloroso. Parecem ser tatilmente defensivos. Quando um pai pega tal bebê, ele chora. Quanto mais você tenta confortá-lo, segurando-o mais aconchegantemente ou ninando-o, mais ele chora. Alguns pais relataram que, intuitivamente, aprenderam a colocar seu bebê em um travesseiro e, então, seguravam o travesseiro, ou então a pô-lo no leito e escorar a mamadeira ao seu lado.

Essa hipersensibilidade é suprimida muitas vezes durante a quinta ou sexta semana de vida. Alguns casos de "alergias ao leite" podem, na verdade, ser casos de hipersensibilidade de pele. O que não quer dizer que uma mudança de leite na sexta ou sétima semanas finalmente funcione. Em vez disso, a hipersensibilidade pára nessa idade e a criança pode relaxar. Qualquer leite dado nessa época funcionará.

Alguns bebês parecem mais irritáveis e ativos que o normal. É como se o sistema nervoso fosse facilmente irritável e qualquer atividade, som ou movimento possa produzir tremura ou choro. Suspeitamos que isso, também, reflete um sistema nervoso imaturo que não pode manter um certo equilíbrio.

Distúrbios de atividade motora também podem aparecer cedo Má coordenação muscular na língua, faces, lábios e garganta pode causar problemas de alimentação e deglutição. O bebê usa os mesmos músculos para comer e para deglutir, e, se deglute mal, a saliva é formada, causando baba excessiva.

Note, mais uma vez, que nenhum desses problemas tem qualquer correlação necessária com os distúrbios de aprendizagem. Mas, pelo fato de que eles existem, e porque constituem problemas por si próprios, assim como podem indicar outras condições, você deve estar ciente deles e do que podem talvez significar.

Impulsividade

Quando a criança cresce, aprende a esperar longos períodos de tempo entre o impulso de agir e reagir e a real ação ou reação. Essa demora dá à criança algum tempo para considerar todas as possíveis respostas que pode dar, recordar experiências passadas semelhantes, e pensar nas conseqüências de uma ação.

Algumas crianças, ou adolescentes, com distúrbios de aprendizagem não têm essa capacidade de demorar entre o impulso e a resposta. Agem de imediato, aparentemente sem pensamento. Em termos de comportamento, parecem nunca aprender com a experiência. Não podem esperar bastante tempo para recordar-se da experiência passada. Agem antes de pensar. O resultado é o típico comportamento de esbarrar ou derrubar coisas. Em alguns, isso reflete imaturidade emocional; em outros, pode ser evidência de um sistema nervoso imaturo.

Crianças impulsivas também podem ter outras dificuldades. Algumas têm problema no controle da bexiga, além da idade normal de dois ou três anos. Quando o impulso da bexiga, digamos, de estar cheia, chega ao cérebro, este pode normalmente mandar de volta um sinal para agüentar até chegar a um banheiro. Para alguns, essa demora não é possível. Tais crianças podem ser molhadoras crônicas de cama. Um sistema nervoso imaturo, problemas emocionais ou físicos — ou uma combinação de quaisquer deles — pode ser a razão. Você pode começar sua investigação das causas dessas condições consultando o médico da criança.

Crianças impulsivas também podem tornar-se preocupadas em brincar com fósforos, acender fogos ou roubar, por exemplo. Se seu filho desenvolve qualquer um desses comportamentos anti-sociais e perigosos, você deve discuti-los com um profissional de saúde mental.

Diferenças físicas

Algumas crianças mostram ligeiras variações nas características físicas que consideramos "normais". Os ouvidos podem estar colocados ligeiramente acima ou abaixo na cabeça. Os olhos podem ser um pouco afastados ou mais próximos. Alguns dedos das mãos ou dos pés podem ser mais longos ou mais curtos. Nenhuma dessas variações deve alarmá-lo. Nenhuma correlação foi encontrada entre tais características físicas e os distúrbios de aprendizagem. Contudo, as crianças com distúrbios de aprendizagem têm uma maior tendência para essa diferenciação com as crianças normais.

COMPREENDENDO O PERFIL DE SEU FILHO

No capítulo anterior descrevi os tipos de distúrbios específicos de aprendizagem que seu filho pode ter. Neste, descrevi outros comportamentos com bases neurológicas que podem se apresentar nas crianças com distúrbios de aprendizagem:

Hiperatividade
Dificuldade ou Déficit de Atenção/Concentração
Perseveração
Reflexos imaturos persistentes

Defesa tátil
Impulsividade

Saiba quais desses comportamentos, se houver algum, sua criança ou seu adolescente tem. Se você suspeitar de que um desses problemas esteve ou está presente, ou se você não tem certeza discuta suas observações com o médico da família.

segunda parte

Problemas no Desenvolvimento Psicológico, Emocional e Social

5

DESENVOLVIMENTO PSICOSSOCIAL NORMAL

Uma mãe me chamou para ver seu filho. Ele se recusava a deixá-la, disse ela, agarrando-se e chorando se ela tentasse sair. Se o deixava com alguém, ele tinha um acesso de raiva. O que devia fazer com ele? Não pude dizer nada até saber a idade do mesmo. Se ele tivesse um ano, isso podia ser bem normal. Se tivesse dois, eu ficaria ligeiramente preocupado. Se tivesse quatro ou oito, eu ficaria muito preocupado. Se tivesse quinze, eu ficaria alarmado. Comportamento "normal" tem muita ligação com a idade de seu filho ou sua filha e o estágio de desenvolvimento em que está a criança no momento.

Todas as crianças atravessam estágios de desenvolvimento psicológico e social e a maioria o faz sem a menor dificuldade. Ocasionalmente podem defrontar-se com uma situação estressante — estar no hospital, ou acostumar-se a um novo irmãozinho ou irmãzinha, ou enfrentar o divórcio de seus pais — e voltam brevemente a comportamentos passados. Mas geralmente se reanimam logo e vão para a frente outra vez. O crescimento significa muitos passos para a frente, com outros ocasionalmente para trás.

Uma grande parte desse crescimento psicológico e social — psicossocial — se entrelaça com estágios do crescimento físico. À medida que o cérebro e o corpo amadurecem, a criança desenvolve novas habilidades com as quais cuida dos problemas. Esse mesmo crescimento, porém, também cria novos problemas.

Muitas crianças atravessam os vários estágios de desenvolvimento visivelmente, mas sem problemas sérios. A maioria passa por esses estágios com poucas dificuldades óbvias. Algumas crianças e famílias acham certos estágios de crescimento mais difíceis que outros. A criança com distúrbios de aprendizagem, porém, pode ter problema com alguns ou todos os estágios do desenvolvimento psicossocial. Mas temos que, primeiro, rever o que entendemos como desenvolvimento normal, antes de entrar nos modos pelos quais os distúrbios de aprendizagem inibem ou alteram esse desenvolvimento.

DESENVOLVIMENTO DA CRIANÇA NORMAL

O recém-nascido funciona principalmente como um ser fisiológico, o cérebro recebendo mensagens do corpo e mandando mensagens para que o corpo responda. Durante as primeiras semanas e meses, o bebê começa a se tornar consciente de certas pessoas significativas, reconhecendo a voz, imagem ou o cheiro da mãe ou do pai, por exemplo. À medida que se relaciona com seu mundo, não tem noção de qualquer distinção entre seu corpo e coisas no ambiente, não tem percepção de quaisquer fronteiras. Pessoas, animais, comida, mobília, brinquedos favoritos — todos os objetos fora de seu ser parecem meramente extensões desse ser. Porque, agora, o bebê e seu mundo são um só.

Esse estágio de desenvolvimento parece algo como isso:

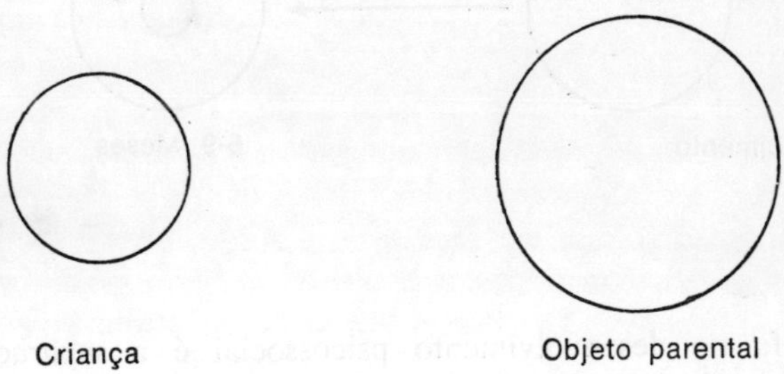

Confiança básica

Gradualmente o bebê começa a descobrir que as coisas têm extensões, assim como limites. Descobre os dedos e as mãos, dedos dos pés e os pés e vê que esses objetos pertencem ao mesmo corpo que ele começou a experimentar. Com três meses, pode reconhecer certas peças do mundo exterior e se relaciona com esses "objetos parciais" de formas especiais que marcam sua importância. Vemos, agora, pela primeira vez o "sorriso social" — o bebê olha para a parte de um rosto e sorri. Esse sorriso social é um marco psicológico inicial de desenvolvimento normal.

Com nove meses, a maioria dos bebês completou o processo de descobrir onde eles acabam e começa o mundo. Verificaram que há muitos objetos humanos no mundo. Tendo aprendido a associar experiências agradáveis com certos objetos humanos, o bebê começa a compreender que esses objetos humanos específicos são muito importantes — que são absolutamente necessários na verdade. Então aprende a depositar uma *confiança básica* nessas pessoas chave e torna-se *totalmente dependente* delas.

Com o estabelecimento da confiança básica, o bebê domina o primeiro grande passo do desenvolvimento psicossocial. Mas, agora, ele fica perturbado se é deixado só. Teme a separação e os estranhos. Antes desse estágio, qualquer pessoa podia apanhar o bebê e ganhar um sorriso. Agora, se alguém desconhecido, ou não muito bem conhecido, o apanha, ele começa a chorar. Esse receio, que normalmente aparece por volta dos nove meses, é outro marco psicológico.

Esse estágio de dependência total pode parecer como isso:

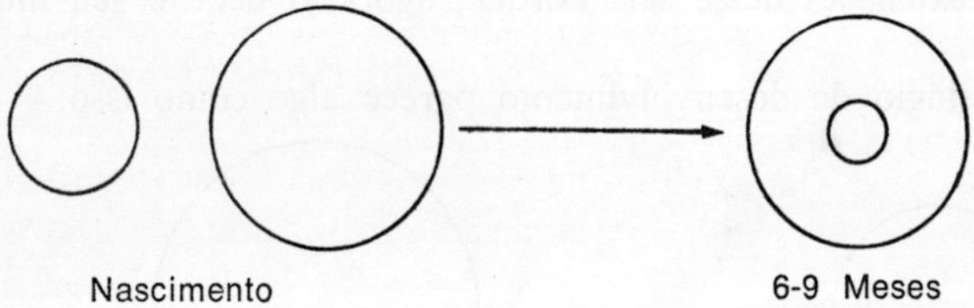

Separação

A nova tarefa no desenvolvimento psicossocial é a *separação.* A criança deve verificar que pode separar-se dessas pessoas significativas e, mesmo assim, sobreviver, e então aprende como fazer isso. O domínio desse estágio de desenvolvimento envolve vários passos que começam por volta dos nove a doze meses e normalmente terminam aos três ou três e meio anos. A realização da separação, que conduz a um sentido de ser autônomo, é ilustrada na figura abaixo.

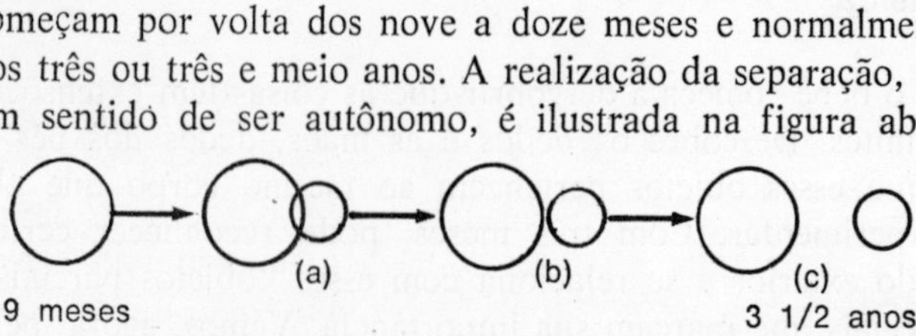

Inicialmente (ver A na figura), o bebê deve ter alguma forma de conexão sensorial com a pessoa significativa. O bebê chora, ouve os passos de um dos pais no corredor e pára de chorar. Essa ligação auditiva é suficiente. Ou a criança engatinha atrás de uma cadeira, perde a visão de um dos pais e chora. Quando o pai ou a mãe se move no seu campo visual, ela pára. A ligação visual, visão do pai ou da mãe, restabelece o contato necessário. O bebê chora à noite. Quando o pai ou a mãe o apanha no escuro e o segura, ele pára de chorar. O toque, cheiro e a voz de um dos pais dá segurança ao bebê de que a conexão íntima não se quebrou.

Começando com dezoito a vinte e quatro meses, a criança lentamente aprende a se separar por períodos de tempo cada vez maiores (ver B na figura). Mas, ainda deve retornar freqüentemente aos pais para "reabastecimento" ou se "refazer". Um abraço ou um beijo ou um biscoito serão suficientes e a criança se afasta novamente. Algumas crianças acham esses esforços iniciais de separação fáceis se puderem ter consigo alguma coisa que lhes lembre os pais. As crianças geralmente selecionam essas coisas favoritas, que comumente chamamos de "cobertores de segurança", mas, mais adequadamente, de 'objetos transicionais", porque têm um cheiro familiar, toque suave e sentimento acariciante que eles aprenderam a associar com os pais.

Com cerca de três a três e meio anos, a criança pode finalmente separar-se dos pais sem nenhum desconforto (ver C na figura). Esse completo domínio da separação é também outro marco no desenvolvimento.

Dois eventos psicológicos maiores se realizam durante esse estágio, um internamente motivado; o outro, causado externamente. Cada um ajuda a dominar a separação e a estabelecer a autonomia e cada um tem uma grande influência no desenvolvimento da personalidade. O evento interno é o *negativismo* e se inicia por volta dos dois anos de idade. Durante o "terrível dois", a criança responde à maioria dos pedidos ou comentários com "Não", ou "Não, eu faço eu mesmo". Está começando a se separar e a mostrar que tem um pensamento próprio. Embora exasperante para os pais, esse passo salutar para a separação e autonomia é muito necessário.

O outro evento que ocorre na idade de dois anos é o *treinamento de banheiro*. Ao aprender a concordar com essa necessidade do mundo exterior, a criança se confronta com dois novos conceitos de amor e relacionamento. Até então, a criança olhava todo o mundo como estando ali para tomar conta dela. Amor e carinho eram automáticos e gratuitos. Repentinamente a criança se vê diante de uma situação em que o amor não é mais gratuito e disponível ao pedir. Agora, se a criança quer amor, deve fazer algo para obtê-lo. Relacionamentos de amor não se centralizam mais totalmente em torno das vontades e necessidades dela; agora a criança deve aprender a participar de um processo de dar-e-receber. Urina no urinol e mamãe te ama; urina nas calças e mamãe se zanga ou bate ou ameaça não gostar mais de ti. Receber amor algumas vezes requer que se faça o que querem — isto é, o que é amável. Receber agrados requer ser agradável. Isso força a criança a dar uma volta revolucionária em seu conceito do mundo, das pessoas e dos relacionamentos.

O treinamento de banheiro introduz um segundo novo conceito que fornece à criança uma nova maneira de lidar com sentimentos de ira. Pela primeira vez, a criança tem uma arma ativa na batalha para conseguir o que quer. Antes disso, podia chorar ou ter um acesso de raiva, mas os pais podiam escolher ignorá-la. Antes disso, ficava com raiva e a expressava abertamente chorando, gritando, dando pontapés ou batendo. Agora, a criança começa a verificar que há várias maneiras de mostrar raiva e que o modo pelo qual alguém a expressa tem muito a ver com receber e guardar amor. Expressões diretas de ira não funcionam — o preço que se tem de pagar pode ser muito grande. As crianças agora aprendem que expressões mais indiretas de raiva funcionam melhor do que bater e gritar. Agora, quando estão zangadas com um dos pais, elas podem agachar-se bem em frente dele, de preferência quando há visitas por perto, e, com um grande sorriso, "fazer" nas calças. Se estão satisfeitas com mamãe e papai, elas vão "fazer" no urinol. A criança começa a aprender a importância de controlar a raiva, ou, mais precisamente, a aprender maneiras mais sutis, mais ambíguas e, portanto, mais aceitáveis de expressar raiva.

Esses problemas — a natureza recíproca de amar e ser amado, e de agradar e ser agradado e de controlar sentimentos de raiva — são trabalhados individualmente e juntos. Os dois temas muitas vezes se entrelaçam: nessa idade pode-se facilmente amar e odiar a mesma pessoa ao mesmo tempo ou ferir e apreciar a mesma pessoa ao mesmo tempo.

Individuação

Quando a criança dominou a primeira grande tarefa do desenvolvimento, estabelecendo confiança básica, e a segunda outra grande tarefa, lidar com a separação, está pronta para a terceira tarefa, a *individuação*. Esta tarefa envolve a pergunta e a tentativa de respondê-la: "Quem sou eu?" Agora que a criança sabe que é uma pessoa separada, que pode sobreviver sem ser totalmente dependente de pessoa importante, que espécie de pessoa é essa criança? A luta pela resposta a essas perguntas normalmente se realiza entre as idades de três e seis anos.

Nessa idade, o cérebro ainda está imaturo e nem todo o pensamento é baseado na realidade. A fantasia, que parece ser tão real quanto o que é real, forma uma base de grande parte do pensamento de uma criança. Se pensa que alguma coisa é assim, pode muito bem ser assim. As crianças nessa idade, então, podem ter simultaneamente crenças e sentimentos opostos, sem nenhuma noção de que existe uma contradição ou que apenas uma de duas ou mais possibilidades diferentes pode se tornar verdadeira. Amar e odiar, querer e não querer, ir a um cinema e, ao mesmo tempo, ir a um piquenique — a criança não exclui nada e não vê problema em acreditar que todas as possibilidades se tornarão verdadeiras ao mesmo tempo.

As crianças também encarnam vários papéis. Se pretendem ser super-homem, *são* super-homem. O que é ser grande? Pequena? Agressiva? Submissa? Um garoto? Uma menina? As crianças brincam de "casa" ou "escola" ou de "doutor", explorando vários papéis e diferentes situações. Um dia sua filha pode ser um menino; no dia seguinte, uma menina, ou uma mamãe, um papai, uma professora, um marginal, ET ou Tia Rosa. Seu filho tenta aprender sobre as pessoas e como fazer coisas e procura dominar tudo isso por meio da repetição nos brinquedos. Por exemplo, crianças devem aprender a ouvir adultos que não são seus pais. Quando brincam de escola, elas, algumas vezes, são a professora que dá instruções e ordens e, outras, o aluno que deve ouvir e obedecer. Quando brincam de médico, são, às vezes, o doutor que investiga e, noutras, o paciente que é investigado.

Sempre que uma criança tenta "ser" outra pessoa da família, mãe ou pai, por exemplo, tem de competir com aquela pessoa pela sua identidade, assim como com qualquer outra criança da família que pode também querer ser aquele pai ou aquela mãe. A criança tem, também, que tentar atrair a atenção do outro genitor. Assim, outra característica desse período é a tendência da criança de causar a separação e a tensão entre os pais, assim como entre os irmãos. As crianças aprendem com notável aptidão a separar pais, puxar um deles para mais perto dela e afastar o outro. Assim, em um dia, uma criança pode parecer apegada e amável, enquanto no dia seguinte está irritante e hostil.

Em relação ao primeiro item, na figura abaixo, nosso diagrama do relacionamento da criança deve incluir ambos os pais.

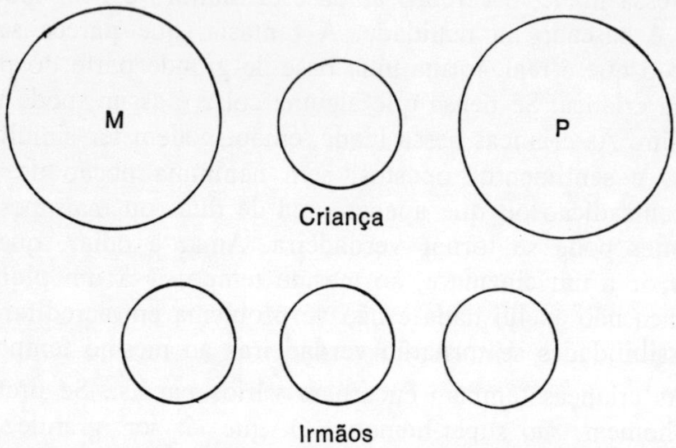

Se o menino ou a menina quer brincar de "mãe", então a mãe tem de ser afastada, junto com os irmãos que podem estabelecer competição com seu papel, como na figura abaixo.

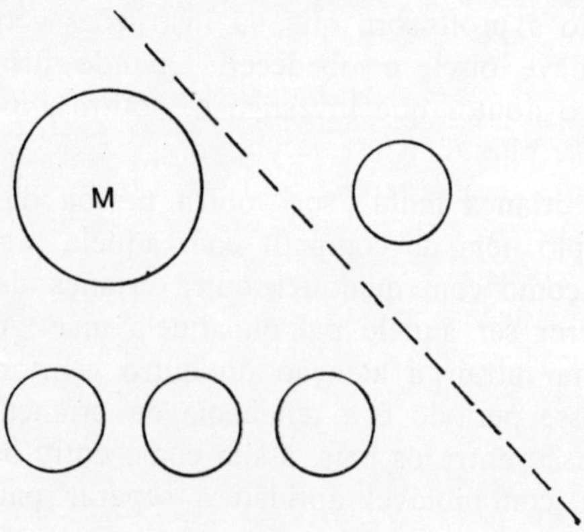

Se a criança quer brincar de "pai", então o pai tem de ser afastado, junto com quaisquer irmãos que possam querer *aquele* papel, como na figura seguinte.

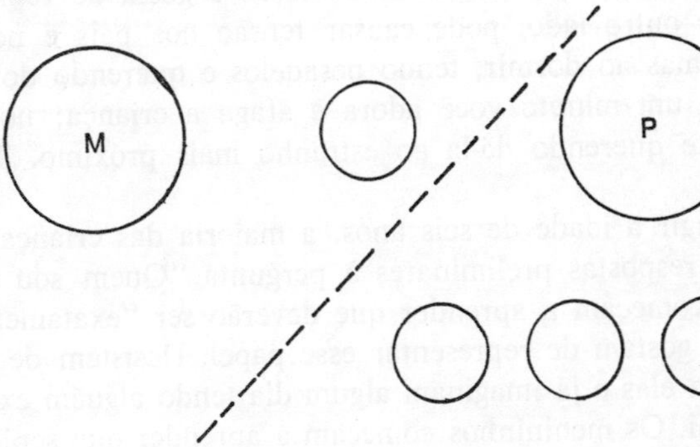

Como as duas separações ocorrem de tempos em tempos, nosso diagrama tem de parecer como na seguinte figura:

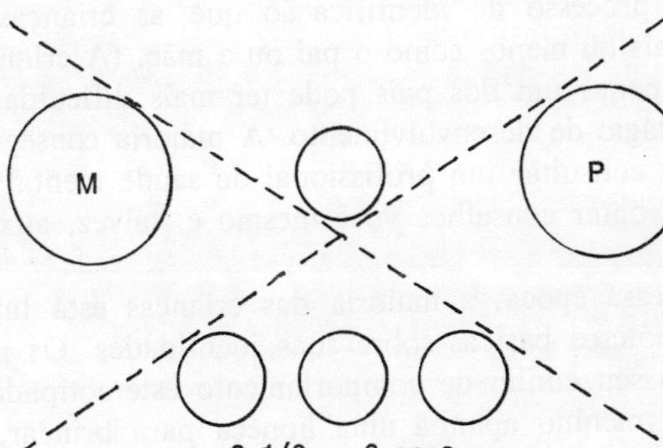

3 1/2 — 6 anos

O pensamento das crianças nessa idade é mágico, isto é, não é baseado na realidade e elas têm problemas para distinguir entre o que realmente são sentimentos, pensamentos e ações. Seus pensamentos, especialmente seus pensamentos de raiva, as assustam. Pesadelos são comuns. As crianças têm medo de que outros, como seus pais, saibam o que elas estão pensando e que eles se vinguem. Esse medo mágico da vingança faz com que a criança tenha medo excessivo quanto à integridade e aos danos físicos. Qualquer corte ou arranhão é um desastre. É por isso que essa idade é, muitas vezes, chamada de estágio do curativo.

Durante esses frustrantes quatro e cinco anos, a maioria das crianças e seus pais têm realmente muita satisfação. A criança é animada, desinibida e cheia de imaginação e gosta de representar e brincar. Por outro lado, pode causar tensão nos pais e nos irmãos e ter problemas ao dormir, tendo pesadelos e querendo dormir com os pais. Em um minuto você adora e afaga a criança; no seguinte você se sente querendo dá-la ao estranho mais próximo. Tudo isso é normal.

Ao atingir a idade de seis anos, a maioria das crianças começa a encontrar respostas preliminares à pergunta "Quem sou eu?". As menininhas começam a aprender que deverão ser "exatamente como a mamãe" e gostam de representar esse papel. Desistem de querer o papai só para elas e já imaginam algum dia tendo alguém exatamente como o papai. Os menininhos começam a aprender que serão "exatamente como o papai". Desistem da idéia de querer a mamãe toda para eles e elaboram a idéia de ter alguém exatamente como a mamãe algum dia. Embora essas autotaxações possam mudar mais tarde, é através desse processo de identificação que as crianças aprendem a se tornar mais ou menos como o pai ou a mãe. (A criança em uma família com apenas um dos pais pode ter mais dificuldade de atravessar esse estágio de desenvolvimento. A maioria consegue, mas, se você acha que consultar um profissional de saúde mental irá ajudar, não hesite em obter conselhos você mesmo e, talvez, auxílio para o seu filho.)

Durante essa época, a maioria das crianças está lutando para estabelecer hipóteses básicas sobre suas identidades. Os pais, agora, também dão o seu cunho de comportamento estereotipado do papel sexual. Se um menino apanha uma boneca para brincar, dizem-lhe bruscamente que garotos brincam com caminhões ou revólveres, não com bonecas. Clichês culturais como esse sempre me pasmam — homens adultos devem saber como se relacionar amorosamente com seus filhos, entre outras pessoas, sem ensinar a usar revólveres, e os homens sabem isso. Mulheres adultas devem saber como se expressar utilmente, não apenas mostrando como usar pinturas de olhos, e as mulheres adultas sabem isso. E as menininhas aprendem a brincar com bonecas e fazer coisas na cozinha; não trabalham com ferramentas nem podem ser excelentes nos esportes. As meninas também aprendem que é aceitável demonstrar amor e tristeza mas não autodefesa ou raiva; os meninos aprendem exatamente o oposto.

Felizmente, os esforços do surgimento da consciência do movimento de liberação das mulheres auxiliou a libertar cada vez mais famílias da necessidade de passar por esses estereótipos. As crianças devem sentir-se livres para explorar e aprender muitos papéis, masculinos e femininos. Devem aprender que ser verdadeiramente homem e mulher não tem nada a ver com as coisas que alguém faz ou como expressa emoções diferentes, mas com os tipos de recursos e experiências que a pessoa tem, os tipos de relacionamentos que pode sustentar e o respeito que desenvolve em relação a si mesmo e aos outros.

Ao finalizar esse estágio, com cerca de seis anos, duas mudanças ocorrem que ajudam a criança a dominar o processo de individuação. O sistema nervoso central dá um grande passo de amadurecimento para a frente e isso ajuda a criança a passar do pensamento baseado na irrealidade para o baseado na realidade. Sentimentos e pensamentos contraditórios não podem mais coexistir com igual força. A criança começa a entender que pensar ou sentir uma coisa significa que não pode pensar em seu oposto ao mesmo tempo e com a mesma convicção. Em outras palavras, nasce a convicção de que uma pessoa não pode fazer ou ser duas (ou mais) coisas ao mesmo tempo. A criança pode, agora, distingüir entre a realidade e a fantasia. Alguém pode pretender ser Super-homem, mas sabe que é apenas ficção.

A outra modificação refere-se à emergente consciência da criança dos vários julgamentos de valor acumulados que aprendeu. Nessa época, eles se fundem em uma consciência estabelecida, chamada o "superego". Esta "voz", ou consciência, fica com a pessoa por toda a vida e torna-se cada vez mais significativa. Ela "diz" à criança quais os pensamentos, sentimentos e ações que são aceitáveis e quais os que não são. Inicialmente, os pais ensinam esses valores e a criança os adota mais ou menos automaticamente. Ela pode rebelar-se, mas é mais por querer fazer o que quer, e não porque algumas perguntas sérias sobre moral ou valor intelectual apareceram. Na adolescência, como veremos, esses valores são rotineiramente revistos e reconsiderados.

Latência

Uma vez tendo a criança dominado a terceira fase do desenvolvimento, a individuação, dirige-se para um período de consolidação. Mais ou menos com a idade de seis anos, a criança torna-se livre para sair da família, para a comunidade. Com a maior parte do trabalho psicológico da infância realizado, a energia da criança está livre para se ampliar, na escola ou em outras atividades de aprendizagem e em expandir relacionamentos. Esse período, que dura cerca de seis a oito anos, é a *latência,* ilustrada na Figura 8.

Durante o período de latência, as crianças aprendem a se relacionar com adultos que não são seus pais e com crianças que não são seus irmãos. Começam a focalizar relacionamentos com crianças do mesmo sexo e podem ignorar ou afastar-se de atividades de colegas que incluam crianças do sexo oposto. Os meninos preferem os meninos e muitas vezes desgostam das meninas.

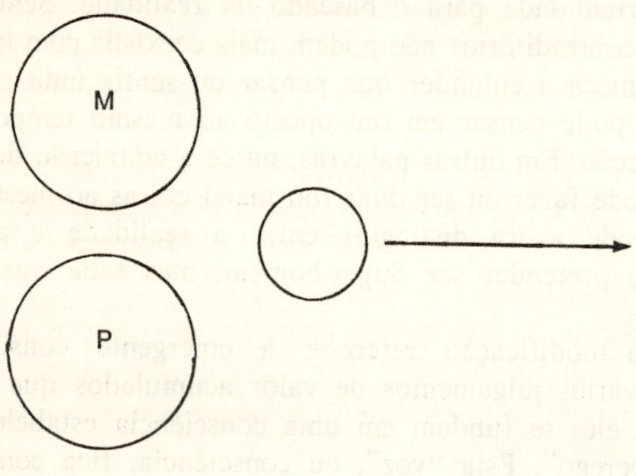

As meninas preferem as meninas e podem evitar os meninos. Desenvolve-se um relacionamento muito íntimo e o comportamento da criança a que você se acostumou durante o estágio da individuação muda completamente. Um garoto encolherá os ombros e empurrará a mãe se ela quiser acariciá-lo; uma garota pode sentir-se desconfortável se o pai tentar envolvê-la e beijá-la. Dois meninos ou duas meninas podem andar pela rua de braços dados, como os "melhores amigos". Durante esse período, as crianças exploram e aprendem a capacidade de se relacionar com pessoas do mesmo sexo e estabelecem amizade tanto íntima como casual.

Ao atingir a idade de doze ou quatorze anos, termina esse período de consolidação. Chega a adolescência e, com ela, novas tarefas a dominar. Tudo está para mudar — possivelmente para pior, mas eventualmente para melhor.

DESENVOLVIMENTO NORMAL DO ADOLESCENTE

A adolescência é um tempo difícil para quase todos os que a atravessam e para quase todos os pais. O período da adolescência prepara a pessoa para passar da infância para a idade adulta, e essa transição tem de ser especial para cada geração. Os pais muitas vezes confiam em seus próprios modelos e experiências, respondendo aos filhos adolescentes como os seus próprios pais lhes fizeram ou como eles pensam que deveriam responder. A dificuldade está em que esses modelos de desempenho e experiências, mais ou menos bem-sucedidos, prepararam os pais de hoje para a última terça parte do século XX. Os adolescentes de hoje têm de aprender a viver no século XXI. Você terá de especular bem, junto com seu filho adolescente, sobre as forças, atitudes e habilidades que *ele necessitará* para a idade adulta. Suas próprias experiências estarão fora de moda e provavelmente limitadas.

Como pais de adolescentes, vocês devem ensinar ao seu jovem os valores que vocês julgam importantes, mas devem considerar os aspectos diferentes que o seu adolescente vai enfrentar em um mundo como está agora e como estará.

O adolescente deverá rever a maioria das tarefas psicossociais da infância. Muitos atravessam esses estágios com pouca ou nenhuma dificuldade; outros têm problemas com um estágio, depois se refazem e seguem adiante.

Problemas com mudanças físicas

É útil distinguir entre a puberdade, o período das mudanças físicas, e adolescência, período de mudanças psicossociais. Idealmente, as duas ocorrem lado a lado, uma com a outra. Mas, em alguns adolescentes, esses processos ocorrem fora de sincronização. Quando um está fora de sintonia como outro, a pessoa tem de enfrentar ainda mais estresse que o normal.

Pense em uma garota que, com dez ou onze anos, é maior que todas as outras garotas, com seios desenvolvidos e já menstruando, ou no garoto com dezessete anos que tem 1,65m de altura, com penugens no queixo e um timbre agudo de voz. Ambos são fisicamente normais, mas cada um está em uma extremidade diferente da curva de crescimento normal. E cada um tem estresses adicionais para suportar. O reverso é igualmente mau. O rapaz na sexta série, que já tem 1,80m e ostenta uma barba, ou a jovem baixinha, de busto liso, que ainda parece com uma "menininha" quando está se formando no segundo grau — cada um tem de enfrentar mais do que sua quota de estresse que a adolescência normalmente provoca.

Tal como acontece com as crianças, os adolescentes têm sentimentos e pensamentos que causam conflitos e tensões, mas seu crescimento físico também lhes deu capacidade de ação e reação que nenhuma criança tem. Quando um menino de seis anos abraça a mãe, sente sensações agradáveis; quando um rapaz de quatorze ou quinze anos o faz, pode ficar embaraçado quando tem uma ereção. Uma menina pode gostar imensamente de se sentar no colo do pai, mas uma de treze anos que o faça pode ter sensações físicas que a amedrontam. Lutar com ou fazer cócegas em um irmão do sexo oposto pode tornar-se tanto estimulante como desolador. Essas novas reações que vêm com o amadurecimento físico podem ser tão desagradáveis que o adolesecnte se vê forçado a transferir os relacionamentos que causam esses sentimentos para pessoas "mais garantidas", fora da família.

O mesmo acontece com sentimentos de raiva. Uma coisa é o menininho sentir raiva da mãe quando seus olhos estão ao nível dos joelhos dela. Outra é a situação quando o irado adolescente verifica que é maior e mais alto que a mãe e que pode realmente machucá-la.

A angústia e a falta de confiança causadas por essas mudanças físicas e emocionais encorajam o jovem adolescente a se tornar mais dependente em casa e com os pais. Mas os mesmos sentimentos emocionais e reações físicas recentemente descobertos tornam mais difícil explorar e agir em relacionamentos e problemas com pais e irmãos. Assim, há um conflito — dentro da criança e eventualmente dentro da família.

Inicialmente, o jovem adolescente tenta se defrontar com tudo isso usando a fantasia, escolhendo para seu relacionamento pessoas que não estão disponíveis e, portanto, em segurança. Garotos e garotas têm "loucas paixões" por artistas de cinema, músicos de *rock* e heróis dos esportes. A probabilidade de uma estrela musical de *rock* subitamente bater à porta de uma adolescente e convidá-la para um encontro é bastante remota para permitir-lhe seguramente fantasiar um relacionamento com ele. Gradualmente, porém, o jovem adolescente começará a explorar relacionamentos com pessoas reais, potencialmente disponíveis. A princípio, essas reuniões provavelmente acontecem dentro de grupos; depois, em grupos menores e, finalmente, com pessoas individuais. Encontros muito cedo são com freqüência narcisisticamente motivados; o/a adolescente quer se encontrar com alguém que o/a torne bom ou boa — o chefe da torcida, o herói do jogo, alguém que qualquer um julga desejável. Muitas vezes um garoto comporta-se com a namorada de modo semelhante ao que teria com os amigos, fazendo palhaçadas, mostrando-se ou batendo-lhe. Mais tarde, ambos os adolescentes, garotas e garotos, namorarão alguém que os faça sentir-se bem. Aparências ainda são importantes, mas menos que a personalidade.

Independência

A primeira fase da adolescência é deixar de ser uma pessoa *dependente* para ser *independente*. As lutas iniciais muitas vezes se desenvolvem sobre os conceitos estabelecidos do papel do sexo e da identificação. As velhas técnicas que uma criança usou para dominar a separação podem voltar novamente.

O negativismo aparece. "Não, posso fazer por mim mesmo." "Não venha me dizer de que comprimento deve ser meu cabelo." "Não me diga que a minha saia está muito curta." Esse negativismo é uma tentativa renovada de dizer, primeiro a você e depois ao mundo, que esta pessoa crescida tem uma mentalidade própria. E novamente torna-se um modo verbal ativo de expressar raiva. Os adolescentes aproveitam-se de qualquer acontecimento para mostrar que têm uma mentalidade diferente da dos pais. Pais e adolescentes podem discutir sobre a escolha de amigos e grupos de colegas, planos e cursos do colégio, questões de filosofia e etiqueta. As roupas e os estilos de cabelo sempre foram os assuntos favoritos, com os quais se provaria a própria independência. O modelo *unisex* ou descontraído de hoje faz lembrar a "causa" de todas as outras gerações — os *flappers* da década de 20, os *zoot-suiters* da década de 40, os roqueiros, os *hippies* etc. Cada geração se lembra de como usavam as roupas, os estilos de cabelos e outros acessórios, quanto mais chocantes melhor, para mostrar aos pais que tinham opiniões próprias.

Todas as antigas lutas de expressar amor e raiva reaparecem como novos acontecimentos. O que você deve fazer para ser amado? Para amar? Para mostrar amor? O que fazer com sentimentos de raiva? Todas essas perguntas têm de ser tratadas com a família e com os amigos. Durante o processo, o adolescente começa a desenvolver conceitos de relacionamentos mais consistentes e estilos de expressar sentimentos. A personalidade adulta está começando a emergir.

No processo de obter independência, o adolescente provavelmente necessita rejeitar os valores dos pais e reformular seu próprio conjunto de valores. A não ser que isso aconteça, os pais do adolescente ficarão com ele para sempre sob a forma de uma consciência programada, como uma criança. Os jovens têm necessidade de renovar esses valores previamente aceitos, para se adaptar com seus hoje e amanhã. Provavelmente rejeitarão primeiro seus valores anteriores, mostrando contradições nos valores paternos. Podem julgar que "ninguém com mais de trinta pode ser confiável". Podem desafiar os pais por darem mensagens conflitantes. "O que você quer dizer com todas as pessoas serem criadas iguais — você ficará furioso(a) se eu namorar alguém que seja judeu (ou protestante ou católico, branco ou preto ou hispânico ou oriental)." Ou "Por que eu tenho de ser honesto? Você tapeia seu imposto de renda." Ou "Por que não posso beber? Você bebe."

Esse "vácuo" temporário, quando os velhos valores são rejeitados e ainda não se estabeleceram os novos, pode ser desnorteante. Alguns adolescentes procuram refúgio temporário em sistemas "pré-acondicionados": cristianismo, budismo, pacifismo, o juramento e as leis dos escoteiros, ou algum outro sistema ou ritual de valores. Para outros, seu grupo de colegas fornece esse sistema provisório. Características particulares muitas vezes estabelecem todas as espécies de comportamento — como se vestir, como falar, quem está "por dentro" e quem está "por fora".

Lentamente o adolescente começa a misturar diferentes valores de todas as fontes com os seus já existentes. Na idade adulta jovem, uma nova consciência, ou superego, é estabelecida. A compatibilidade e a flexibilidade desse novo superego fortalece a habilidade da pessoa de manejar e expressar sentimentos e emoções nos relacionamentos. Durante toda a vida, o superego da pessoa tem de ser capaz de mudar e crescer para se acomodar às situações da nova fase.

Quando o adolescente começa a se sentir independente da família, e quando a família apóia e encoraja essa maturidade emergente, a pergunta dos "três a seis anos" é ouvida novamente: "Quem sou eu?" A resposta, naturalmente, não pode mais ser "exatamente como a mamãe (ou papai)".

Identidade

Então, começa a segunda fase de desenvolvimento da adolescência, o estabelecimento da própria *identidade*. Ser "uma lasca do velho bloco" não é suficiente. Diferente da criança, o adolescente mais velho selecionará características de muitas pessoas — líderes religiosos, mestres, vizinhos, parentes, pais, amigos, e até mesmo pessoas famosas — misturando algumas destas características com as suas próprias para se tornar uma nova pessoa diferente. Essa nova pessoa, ou identidade, não é a pessoa final, mas forma a base da que será. A identidade da pessoa deve ser modificada durante toda a vida à medida que os papéis mudam — deve ajustar-se para tornar-se um universitário, um esposo, um trabalhador, um pai, um avô, um aposentado — do jeito que a experiência o conduzirá.

Cada geração e cada cultura exercem diferentes pressões sociais e culturais nos seres humanos. Uma criança que cresceu na era vitoriana ouviu mensagens muito diferentes do mundo exterior do que a que cresceu na década "louca" de 1920, após a Primeira Guerra Mundial. O adolescente que cresce no mundo pós-Vietnam, na década dos 1980, experimenta padrões sociais e culturais diferentes dos de seus pais. Deixem-me observar, mais uma vez, que é crucial para os pais compreender e aceitar que seu adolescente vive em um mundo diferente do que o que eles tiveram como adolescentes.

O processo de desenvolvimento total, que começou com o nascimento, culmina em uma identidade para cada pessoa. Se seu filho domina com sucesso todas essas fases, terá uma identidade funcional bem-sucedida com sentimentos positivos e saudáveis sobre si mesmo. Se quaisquer fases não forem dominadas com sucesso, essa identidade pode ser restrita e disfuncional.

Intimidade

O adolescente tem uma fase restante para dominar. Até essa época, os relacionamentos foram baseados principalmente em um modelo criança-adulto. Agora, o adolescente ou o jovem adulto tem de aprender a se relacionar com sucesso com outras pessoas, ou eventualmente com uma outra pessoa, como iguais, na base do um a um. Essa espécie de relacionamento é, muitas vezes, referida como *intimidade*. A fase começa no fim da adolescência, mas não estará completa até a jovem idade adulta.

Quando a pessoa se relaciona em um modo dependente-independente, precisa e depende de pessoa significativa e mais poderosa, como os pais. Quando você é jovem, pode muito bem sentir como se você e seus pais sejam um. Isso é intimidade, mas não de uma espécie de intimidade utilizável em um mundo adulto. Em um relacionamento adulto íntimo, do modo independente-independente, cada pessoa depende da outra. Mas, mesmo que cada uma ame, se apóie e precise da outra para o seu bem-estar emocional, nenhuma delas perde sua identidade. A qualquer tempo, cada uma pode ainda funcionar independentemente e bem. Esse é um objetivo que a maioria de nós procura durante toda a vida e poucos conseguem com total sucesso. Mas, como isso representa o melhor que os seres humanos podem fazer de seu relacionamento adulto, torna-se um final adequado para nossa discussão de desenvolvimento normal.

6

PROBLEMAS PSICOSSOCIAIS DA CRIANÇA COM DISTÚRBIOS DE APRENDIZAGEM

A criança com distúrbios de aprendizagem tem mais do que problemas de escola e de sala de aula — tem distúrbios vitais totais. Os mesmos problemas que interferem na leitura, na grafia e na aritmética, também interferem no desenvolvimento emocional e social e podem causar problemas emocionais e sociais. Alguns bebês podem parar nos primeiros estágios de desenvolvimento. Algumas crianças, um pouco mais velhas, podem hesitar, incapazes de ir adiante nos estágios subseqüentes. Ainda outras podem se desenvolver dentro das expectativas normais, mostrando um progresso adequado a princípio, e depois ser retardado por um estresse situacional, tal como entrar na escola.

PROBLEMAS NOS PRIMEIROS ESTÁGIOS DE DESENVOLVIMENTO

A infância pode ser muito difícil para a criança que vai ter distúrbios de aprendizagem — lembre-se que, embora a irritabilidade e a Hiperatividade possam aparecer cedo, os distúrbios de aprendizagem ainda têm de ser descobertos e ainda estão "invisíveis". No Capítulo 4 vimos vários problemas da primeira infância que surgem quando o sistema nervoso permanece imaturo. Vimos, também, alguns dos efeitos danosos que esses problemas podem ter nas interações iniciais pais-filho. (As experiências de uma mãe são descritas posteriormente.) Os bebês com problemas de atividades motoras serão mais desajeitados e com fraca coordenação. Os bebês com pouca coordenação podem ter também dificuldade de mamar e comer. Os que são também Hiperativos agitam-se, criando, com sua constante atividade, permanentes problemas ao serem cuidados.

Não sabemos qual possa ser o impacto total dos distúrbios de percepção durante os primeiros meses de vida. É possível que os problemas de percepção auditiva ou visual de um bebê interfiram em sua capacidade de aprender sobre seu ambiente. Isso, por sua vez, pode retardar as ligações com os pais e o estabelecimento da *confiança básica.*

A dominação da separação exige, pelo menos, duas coisas: primeiro; a criança deve sentir-se segura bastante para se aventurar e explorar o mundo; segundo, esse mundo deve ser suficientemente atrativo para fazer a criança querer estar lá e se engajar nele. A criança com distúrbios motores e/ou de percepção e possivelmente com Hiperatividade, não pode adquirir confiança para explorar um mundo que deve parecer muitíssimo difícil de se aproveitar. Se tal criança tem dificuldade com qualquer uma ou ambas as experiências, a *separação* será retardada.

Distúrbios de aprendizagem, junto com possível Hiperatividade, Dificuldade de Atenção ou sintomas de um sistema nervoso imaturo, podem provocar estresse entre um dos pais e o bebê. Sob essas condições, não é provável que o bebê seja bem-sucedido no estabelecimento da confiança básica. Quando isso acontece, ele não pode desenvolver a confiança ou sentir-se seguro suficientemente para se afastar dos pais. Para completar o problema, como o bebê está tendo essas dificuldades, os pais são tentados a superprotegê-lo, com medo de que ele não o possa conseguir. Algumas vezes, os parceiros das duas extremidades do cordão umbilical não ajudam.

Então, o que acontece quando a criança se aventura? Se não pode fazer o que outras de dois ou três anos de idade fazem, ou não pode entender o que as pessoas estão dizendo, ou não pode comunicar-se ou expressar-se claramente, o mundo exterior parecerá um mau lugar para se estar. Certamente não será considerado positivo ou divertido. Quem poderá criticar uma criança que se refugia na segurança do lar?

O resultado pode ser uma criança que prefere ficar em casa. Quando as coisas não vão bem na escola maternal, a criança resiste à ida para lá ou, se é forçada, evita as outras crianças ou se dá mal com elas. Durante o tempo que essas crianças lutam para dominar a separação, você pode ver o negativismo, as lutas de poder, a necessidade de controle e as dificuldades com relacionamentos, que são normais aos dois anos, persistindo aos três, quatro e ainda mais além.

E sobre o estágio seguinte, a *individuação*? Se uma criança estiver tendo dificuldade com outras crianças, com brincadeiras e com situações pré-escolares, os passos do desenvolvimento, que são normais para a individuação, começarão mais tarde e poderão se prolongar muito depois da idade apropriada. Outras crianças já a ultrapassaram há muito tempo em sua maturidade emocional. Mesmo depois dos seis anos de idade, ela continua a ser medrosa ou a tentar separar os adultos de outras crianças — problemas que normalmente ocorrem entre as idades de três e seis anos. Quando esses comportamentos imaturos ainda aparecem no jardim de infância ou nas primeira e segunda séries, as professoras, muito compreensivelmente, ficam zangadas e os colegas também tendem a brigar com a criança.

Se ninguém ainda descobriu esses distúrbios, os meninos podem ter um problema especial para se tornar "exatamente como o papai". (O problema pode ser um pouco menos agudo nas meninas.) O filho que se comporta fracamente nos jogos e nos esportes pode tornar-se irritável e preferir ficar em casa com a mamãe. O pai fica desapontado e deixa o filho sabê-lo, verbalmente ou não. O filho percebe a mensagem e sente que não pode ser o que o pai quer. Se isso acontecer, ele pode não ser capaz de completar o estágio da individuação com sucesso, ou pode fazê-lo, mas com menos confiança em si do que precisa.

Algumas crianças dominam cada estágio de desenvolvimento mais vagarosamente que a maioria, mas podem ainda ter problemas. Entram no *período de latência*, e na escola, com alguma debilidade em seus fundamentos psicológicos, digamos. Cada nova tarefa provoca estresse que, por sua vez, causa uma retirada temporária para comportamentos anteriores. Uma criança com problemas pode não ficar consistentemente para trás. Uma interrupção no desenvolvimento ou um retrocesso para um comportamento anterior podem acontecer em qualquer estágio ao longo do caminho, até na adolescência. Algumas crianças terão tanta dificuldade em atingir esses marcos no crescimento psicossocial que será necessário o auxílio profissional.

PROBLEMAS EMOCIONAIS

Creio ser útil, para se entender crianças com distúrbios de aprendizagem, convencer-se de que elas têm apenas um cérebro durante toda a vida, e que não sabem que ele é diferente do de qualquer outra pessoa. As pessoas gritam com elas, dizendo-lhes que se sentem quietas, que prestem atenção, que fiquem paradas, que falem, mas elas não podem entender que são mais ativas ou distraídas ou difíceis de compreender que qualquer outra criança. Elas tentam, da mesma maneira, aprender. Por que não são bem-sucedidas? Suas experiências as confundem e frustram. Por que falham constantemente? Por que estão constantemente embaraçadas? É de admirar que desenvolvam dificuldades emocionais e sociais?

A equipe de educação especial indica que Billy tem problemas motores e de percepção visual. Esses distúrbios de aprendizagem interferem em seu domínio das capacidades de ler e escrever, dizem. Estamos habituados a apontar problemas como esse. Mas o que dizer de Billy no recreio quando perde a bola porque seus olhos não podem dizer às mãos o que fazer? Como os outros meninos reagirão ao desajeitamento e à má atuação de Billy? Como este se sentirá ao ser o último a ser escolhido quando os lados são divididos?

O mesmo acontece com Allison. As avaliações de linguagem e educacional identificaram seus problemas de linguagem de expressão e de percepção auditiva, e, baseada nessa informação, a escola desenvolveu um programa de terapia educacional e de linguagem específico para ela. Mas isso será suficiente? O que acontece com Allison quando ela está com as amigas? Compreende errado o que elas dizem e responde errado. Suas amigas pensam que ela não presta atenção ou que é estúpida e a excluem de suas brincadeiras. Além disso, embora alguém tenha explicado suas dificuldades de linguagem e auditivas à sua professora, ninguém disse nada aos pais dela. Então eles ficam zangados com ela por "não prestar atenção". O que isso provoca em Allison? Como isso vai formular as reações de suas amigas a ela? Como deve sentir-se em família? O que pensa finalmente sobre ela mesma?

Com muita freqüência tais problemas não são diagnosticados corretamente. E mais ainda não são comunicados às pessoas certas no modo certo. A criança continuará a experimentar repetidas frustrações e fracassos. Finalmente, desenvolve problemas emocionais e é levada a um psiquiatra ou outro profissional de saúde mental para uma avaliação. É essencial distinguir entre uma criança cujos problemas emocionais estão *causando* dificuldades escolares e uma criança cujos problemas emocionais são a *conseqüência* dessas dificuldades. Quando os distúrbios de aprendizagem estão presentes, estamos normalmente lidando com o último caso. Mas, naturalmente, para algumas crianças, os problemas sociais e emocionais, que começaram como conseqüências de distúrbios de apredizagem não reconhecidos e sem tratamento, eventualmente tomam um caminho próprio.

Enquanto você lê a respeito das espécies de problemas emocionais que as crianças com distúrbios de aprendizagem podem desenvolver, pense em sua filha ou seu filho. Se você reconhecer qualquer desses sintomas ou comportamentos e ainda não pediu ajuda, discuta a situação com seu médico de família ou com um profissional de saúde mental.

Retirada

Algumas crianças lidam com experiências frustrantes de vida simplesmente tentando evitar o estresse. A criança usa a reação de retirada para evitar qualquer situação potencialmente frustrante e incerta, fugindo dela e tornando-se passiva. Torna-se indisponível para aprender.

Por causa de seus desconhecidos distúrbios de aprendizagem, embora tivesse uma inteligência superior, Bobbie, com oito anos de idade, já havia fracassado várias vezes e estava, no momento, começando a segunda série. Quando perguntei-lhe o que fazia na escola quando não resolvia os exercícios, respondeu: "Quando eu era menor, costumava rasgar meu papel e chorar... Então implicavam comigo e chamavam-me de chorona... então eu decidi que a escola não era divertida... Já que eu não podia sair, sentava-me e fingia que estava em casa, no meu quarto com minhas bonecas... Inventava histórias e me divertia." A professora se queixava de que essa menina "sonharia o dia inteiro se eu deixasse".

Regressão

Outras crianças evitam o estresse retraindo-se para um estágio anterior de desenvolvimento psicológico ou social. Retornam a comportamentos anteriores ou interações infantis, imaturas — coisas que você pensa que a criança já ultrapassou completamente. Os pais de Debbie, com sete anos e meio, queixavam-se de que a filha tinha sido feliz e normal até entrar para o jardim de infância. Como explicado pela mãe, nesse ponto "ela teve uma mudança de personalidade. Tinha dificuldade em fazer os exercícios. Na primeira série ela não aprendeu muita coisa e, por isso, a está repetindo". O pai acrescentou: "A vida em casa é terrível. Gritamos com ela o tempo todo. Desde que a escola começou este ano, ela regrediu, agindo como um bebê, falando como bebê... É impossível... Não ouve e não sintoniza comigo... Começou a molhar a cama pela primeira vez desde que tinha três anos... Ela até come com as mãos." Em uma sessão de terapia, Debbie falou sobre a escola. "Tenho problema porque não entendo o que tenho de fazer, especialmente ler e matemática... É difícil e não posso fazer... A professora grita comigo o tempo todo... Talvez eu não seja tão esperta como as outras crianças."

Deslocamento e projeção

As crianças podem tentar evitar o estresse, os conflitos e os sentimentos de frustração e desvalorização deslocando a razão desse fracasso para alguma outra coisa. Algumas desenvolvem reações de medo. Seus sentimentos gerais, relacionados com a escola, parecem adquirir um significado específico. Em vez de experimentar uma depressão ou ansiedade geral sempre que está na escola, a criança cria um medo específico, que pode ser determinado. Eddie, por exemplo, ficou com medo de uma determinada criança que ia com ele no ônibus escolar e que sempre implicava com ele. Uma vez esse medo cristalizado, ele podia compreender os sentimentos que tinha quando acordava para ir à escola. Quando isso acontece, a criança não se sente melhor, mas, pelo menos, não tem que suportar medos sem identificação e a ansiedade geral que acompanham os fracassos escolares sem explicação e controle.

Algumas crianças centralizam suas ansiedades em funções corporais. Uma criança pode desenvolver dores de estômago, câibras abdominais, dores de cabeça, diarréia ou freqüentes micções ou evacuações. Essas queixas ocorrem, muitas vezes, somente nas manhãs dos dias escolares, nunca nos fins de semana, feriados ou durante o verão. Essas crianças têm de sair da sala de aula e ir à enfermaria da escola ou para casa. Tal como com qualquer sintoma físico, o desconforto é real. A dor passa quando deixam a criança ficar em casa, não porque ela esteja fingindo, mas porque o estresse foi aliviado. Katie, que tinha cerca de sete anos na ocasião, explicou uma vez: "Algumas vezes eu criava problema porque esquecia de fazer o que a professora dizia ou porque eu apagava demais... A professora gritava comigo e eu ficava apavorada... Então meu estômago começava a doer e eu tinha de ir à enfermaria." Franklin levantava-se cada dia de escola com severas cãibras de estômago e vomitando. A mãe o mantinha em casa e as dores geralmente desaparececiam ao meio-dia. Um exame médico completo considerou Franklin perfeitamente normal. Ele devia ter adivinhado por que estava sendo trazido para me ver. Suas primeiras palavras foram: "Sei que o problema do meu estômago é porque tenho medo da escola... Mas ele realmente dói... Não estou brincando!"

Outras crianças podem explicar sua ansiedade focalizando, em sua cada vez maior conscientização, que alguma coisa está errada com seus corpos. Ouviram os pais, professores e médicos falarem a respeito de seus cérebros ou de seus sistemas nervosos e já tinham feito inúmeros exames e testes. Por isso, expressavam sua hipocondria em queixas sobre dificuldades corporais: "Minhas costas estão doendo", ou "Tenho dor de cabeça", "Meu joelho está esquisito". Algumas vezes essa preccupação com seus corpos se amplia para uma preocupação geral com a imagem do corpo ou qualquer dano. Algumas vezes, essas queixas se tornam uma completa racionalização para o fracasso: "Não posso evitar se cometo um engano — meus braços estão doendo hoje."

As crianças podem também evitar o estresse tornando-se paranóides e projetando seus sentimentos e pensamentos nos outros. Professores, colegas, livros, carteiras, todos são culpados; todos estão dispostos a pegá-las ou a chamar-lhes a atenção. Quando Joe tinha dez anos e estava em uma classe especial, tinha freqüentes episódios de comportamento explosivo. Feria as pessoas, gritava e atirava coisas. Sua desculpa habitual era que alguém estava falando dele ou fazendo caretas para criar-lhe um problema. Em casa, recusava sair e brincar, porque as crianças da vizinhança estavam sempre falando dele. Uma revisão em sua história escolar revelou que, dois anos antes, ele tinha sido uma criança triste, retraída. Um ano atrás, descreveram-no como uma criança zangada que repetidamente se criticava. Uma avaliação psiquiátrica mostrou que certamente não era psicótico. Essa era simplesmente a última de uma série de tentativas de resolver seus problemas, culpando os outros de uma forma paranóide.

As crianças podem também usar seu diagnóstico como uma desculpa para seus problemas. Ouviram cada um usar um rótulo para descrever alguns de seus comportamentos e fixaram-se nesses rótulos para explicar qualquer coisa com eles. Tal criança pode explicar: "Tenho dano cerebral e por isso não posso fazer."

A criança pode também generalizar o distúrbio em um sentido de total inutilidade. "Eu simplesmente não presto — não posso ler." Quando observada por uma professora sobre um erro no exercício de matemática, uma menina respondeu: "Não posso fazer isso — sou retardada." Um menino de doze anos explicava por que não tinha amigos: "Tenho um dano cerebral e por isso não posso pegar bem uma bola... Todos os meninos jogam bola e, como não posso jogar, não tenho amigos."

Fraca auto-imagem

Algumas crianças com distúrbios de aprendizagem não desenvolvem um sistema de defesa bastante competente para ajudá-las a controlar a dor de frustrações e fracassos. Como resultado, podem experimentar um real sentido de depressão. Seus fracassos, suas inadaptações e suas fracas interações com colegas e adultos significativos fazem a criança sentir-se irada e desvalorizada. Crianças mais jovens, que são muitas vezes incapazes de interiorizar a raiva, podem expressar sua depressão pela irritabilidade e agressividade contra qualquer um. Crianças mais velhas podem exibir sintomas clássicos de depressão. Parecem tristes, choram facilmente e podem ter problemas para dormir e comer. Algumas vezes, a criança torna-se tão enraivecida interiormente que se transforma em autodestrutiva ou suicida. David, um garoto de onze anos, com distúrbios de aprendizagem e uma longa história de fracassos foi avaliado por causa de suas maneiras claramente educadas e passivas. Durante a avaliação, ele se descreveu como um "terrível criador de problemas... Sou estúpido e não posso fazer nada direito". Isto, naturalmente, fazia um contraste marcante com seu freqüente comportamento claramente sereno. Acrescentava: "Fico tão danado comigo mesmo quando cometo um erro, que me mando para o meu quarto... Algumas vezes eu me puno fazendo-me ir para cama mais cedo ou ligando a televisão no meu programa favorito e não me deixando vê-lo... Uma vez fiquei tão danado que me bati."

Em muitas crianças, sua consciência, ou superego, adquire um tom punitivo e as impede de aceitar elogios. Se uma professora elogia um exercício, a criança se sente compelida a destruí-lo.

Quando as crianças mantêm interiorizadas essas ansiedades e sentimentos de inutilidade, desenvolvem, compreensivelmente, uma fraca auto-imagem. A criança se vê como uma pessoa inadequada, má, inútil, que não pode fazer nada direito. Incentivação do mundo exterior muitas vezes encoraja essa auto-imagem e, no mínimo, não faz nada para ajudar a corrigi-la. Um garoto de dez anos, marcadamente deprimido com tais sentimentos, foi Hiperativo desde que nasceu. Ronnie estava sempre em todos os lugares, relatou sua mãe. "Tudo que ele ouvia de mim era 'não' ou 'não faz' ou 'menino mau'." Ronnie foi expulso da escola maternal por ser um "monstro". Cresceu ainda mais selvagem no jardim de infância e não foi melhor nas primeira e segunda séries. Ainda sem diagnóstico, repetiu a segunda série, começou a terceira e, então, foi suspenso da escola. Ele nunca se viu senão como mau, desagradável, inadequado e estúpido. O fato de ele ser muito brilhante não mudou sua auto-imagem. Ninguém pode fazer essas crianças saírem de seus autojulgamentos porque a auto-imagem resulta de uma coleção de experiências reais. Podem, porém, melhorar quando começam a ver as mudanças que resultam de uma ajuda apropriada e a dominar as tarefas de aprendizagem e de comportamento.

Agora com doze anos, Arthur foi diagnosticado aos cinco como tendo distúrbios de aprendizagem. Recebeu medicação (discutiremos psicoestimulantes no Capítulo 12) e muitos anos de intensiva terapia educacional especial, assim como psicoterapia. Quando Arthur, eventualmente, voltou para uma classe de sexta série normal e saiu-se bem, ele recordou: "Lembra-se de quando eu estava na escola especial e você repetia o quanto eu era esperto?... Eu pensava que você só estava querendo fazer-me sentir bem, porque não podia ler ou fazer qualquer coisa... Quase desisti e senti que nunca iria mesmo conseguir... Então, um dia alguma coisa estalou e comecei a ler — *eu realmente li*... Depois comecei a resolver a matemática. Puxa, eu podia realmente aprender, tal como você me dizia! Eu devo ter me tornado cinco anos mais velho naquela primeira semana em que comecei a ler."

Outros mecanismos de defesa comuns

Quando algumas crianças têm dificuldade de lidar com a raiva, podem escolher um modo indireto de mostrá-la. A um desses estilos chamamos de "passivo-agressivo". O comportamento da criança não é ativamente agressivo em si mesmo, mas ela faz com que todos fiquem zangados com ela a maior parte do tempo. A vadiagem e o atraso constante são exemplos disso. Enquanto estão pensando que ela está se vestindo, por exemplo, a criança pode estar brincando com as roupas, até que um dos pais se torne furioso. A criança olha-o espantada e diz: "Por que você está tão zangado comigo? Eu não fiz nada." Um professor de educação especial disse-me, uma vez, a respeito de uma criança assim: "Ele era tão cooperativo, auxiliador e bonzinho que eu sentia vontade de esmurrá-lo nos dentes."

Outras crianças se tornam "passivas-dependentes". Inicialmente evitam fracassos e sentimentos desagradáveis ficando fora de situações que possam resultar em fracasso. Mas essa passividade pode se expandir para um verdadeiro estilo de vida. A criança evita tomar qualquer iniciativa em qualquer coisa e minimiza seu envolvimento em tudo. Uma criança verdadeiramente desamparada desperta a simpatia dos adultos. O comportamento passivo-dependente muitas vezes torna as pessoas zangadas, porque o desamparo parece ser deliberado e planejado.

Outra orientação comum que algumas crianças usam para lidar com o estresse é a "palhaçada". Esta serve a várias funções. Pode ser um método de controlar sentimentos de inadaptação — a criança fica fazendo palhaçadas para esconder sentimentos de inutilidade e depressão. Ao representar o palhaço ou o excêntrico, a criança parece estar dizendo: "Chamam-me de palhaço ou excêntrico, mas é só porque eu resolvi ser assim. Eu realmente posso parar com isso se quiser, mas é muito divertido dessa maneira." Se a criança consegue sucesso com esse comportamento, interrompe a aula ou é mandada embora, evitando, assim, o trabalho escolar, e daí o fracasso, que pode ter produzido o estresse inicialmente. Freqüentemente isso alcança uma certa medida de aceitação pelos colegas. De repente, a criança com quem todos implicavam se torna o herói da turma. E, com isso, a palhaçada é reforçada.

Em algumas escolas, a recompensa por ser mandado para o gabinete da diretora vale bem o esforço — nenhum trabalho escolar, conversa com a secretária, entrega de mensagens ou brincar com a máquina de escrever. Depois de quatro anos de auxílio educacional especial e psiquiátrico, Jack voltou para a escola pública e estava se saindo bem. Voltou a me visitar e pedi-lhe para descrever-me o que se lembrava sobre seus problemas escolares anteriores. A certa altura, ele disse: "Puxa, como aquelas professoras eram estúpidas! Cada vez que era minha vez de ler ou de fazer alguma coisa que era difícil para mim, eu implicava com outro garoto ou fazia alguma brincadeira. Funcionava perfeitamente. Eu era mandado para fora da sala." Então acrescentava: "Só você me fez ver que eu era o estúpido... Não se consegue ajuda se não se está na sala de aula e eu certamente não queria passar o resto da minha vida numa escola especial."

Crianças com distúrbios de aprendizagem que são Hiperativas e/ou com Déficit de Atenção são propensas a desenvolver um distúrbio de impulso. A criança normal aprende, com a idade, a retardar cada vez mais entre o impulso inicial de agir e o real comportamento. Crianças Hiperativas, contudo, tendem a permanecer explosivas ou agressivas e a ter acessos temperamentais. Algumas podem ser emocionalmente frágeis, gritando e chorando à menor frustração. Algumas vezes, a criança com esse distúrbio quebra coisas e fere alguém sem nenhuma intenção, simplesmente porque se moveu ou agiu depressa demais, sem pensar.

Essas crianças com distúrbios de impulso podem apresentar outros sinais de seu problema: roubo, molhar a cama, lançar fogo, esconder comida ou comer em demasia. Um menino de oito anos, que era Hiperativo, vivia quebrando coisas e tinha um acesso atrás do outro. Mike tinha também todos os outros sintomas: molhava a cama, escondia comida em casa, tirava dinheiro da carteira da mãe e acendia fogos. Quando lhe perguntavam sobre acender fogo, ele transmitia sua própria preocupação com impulsividade e controle de impulso quando explicava que o que mais gostava nisso era "deixar o fogo crescer e ficar quase ao ponto de queimar tudo... Então eu o apagava antes que explodisse por toda a parte".

Às vezes, tais crianças parecem agir claramente amadurecidas. Enfrentando sentimentos de serem diferentes e inadequadas e com receio de que, por causa disso, ninguém cuide delas, essas crianças decidem crescer rapidamente. Muitas vezes têm uma necessidade constrangedora de estar controladas e ficam fora de si se não conseguem dominar qualquer situação. Parecem, agem e se relacionam com os outros como se fossem pequenos adultos sérios e esse comportamento pode compensar: os adultos os cumprimentam e passam mais tempo com eles. Um garoto de sete anos foi descrito pelos pais como não necessitando de que ninguém tomasse conta dele. Chuck era completamente independente — de fato, ele cuidava de todos na família e na sala de aula. Apreciava muito ter conversas com a professora. Não tinha senso de humor e era descrito como um "perfeito homenzinho", completamente auto-suficiente. Em uma sessão de diagnose psiquiátrica, a fantasia e a brincadeira de Chuck demonstraram grande preocupação com necessidade de dependência e um receio de que ninguém a realizasse. Por isso, *tinha* de cuidar de si mesmo. Chuck negou sua raiva e seu desejo de que alguém cuidasse dele e estava usando todas as suas energias emocionais para manter a fachada protetora.

PROBLEMAS SOCIAIS

Todos os problemas emocionais que vimos afetam profundamente as relações sociais de uma criança. Alguns outros tipos de problema social também merecem ser mencionados aqui.

Muitas vezes, crianças com distúrbios de aprendizagem preferem brincar com outras menores. Como não podem acompanhar as interações ou participar das atividades do grupo da sua idade, intuitivamente procuram um grupo de idade cujas habilidades possam acompanhar. Um garoto de nove anos pode ter distúrbios de percepção visual, de coordenação motora fina e viso-motora, mas boas capacidades em áeras de percepção auditiva, linguagem e coordenação motora grosseira. Ele sai com os colegas, mas verifica que não pode jogar beisebol ou basquetebol o suficiente para ficar nos times. Verifica, então, que meninos de cinco e seis anos brincam muito e preferem correr, escalar e andar de bicicleta. Além disso, as crianças menores olham para ele, enquanto seus colegas o evitam ou implicam com ele.

Outro problema social especial se relaciona com a dificuldade da criança de perceber insinuações sociais. Essas crianças não parecem notar os sinais sutis, e não sutis — expressões faciais, posturas de corpo, tons de voz — que sugerem que precisam mudar de comportamento ou reagirem diferentemente. As brincadeiras vão longe demais, os sentimentos ficam feridos e os temperamentos podem irarse. Essas crianças não percebem os sinais que dizem, não verbalmente: "Chega!"

Não sabemos ainda as razões para esse problema de entendimento das insinuações sociais. Qualquer que seja a causa, a falta dessa habilidade cria grandes problemas para uma criança que deve aprender a fazer com que sua maneira de agir no mundo seja mais hábil.

CONCLUINDO

A dor que as crianças sentem por causa de suas frustrações e fracassos é real. Se não for atendida, pode ter um grande impacto no desenvolvimento da personalidade. Sem auxílio, esses sentimentos e pensamentos podem condicionar o comportamento, tanto presente como futuro. Deixem-me ilustrar com o exemplo de outro caso.

Os pais de Bob eram conscientes. Ele tinha oito anos e acabara de completar a segunda série. Tinha sido muito fraco na primeira série, não aprendeu a ler nem a escrever bem. Durante a segunda série, fez algum progresso na leitura, mas não estava em condições de passar adiante.

"Ele parece inteligente", dizia a mãe. "Mas Bob é tão irritado e infeliz. É um perfeccionista e fica danado se não consegue fazer o dever da escola." A consulta a mim seguiu-se a uma conferência pedida pela diretora. Esta falou do alto nível de ansiedade de Bob na escola e sua fraca auto-imagem. Ela pensava que ele tinha um problema emocional e que necessitava de psicoterapia.

O pai dele disse-me que Bob se colocava em altos padrões. "Se não pode fazer as coisas, diz que é mau ou estúpido. Agora, está tão medroso de não fazer nada bem-feito que evita tentar qualquer nova atividade."

Quando fui à sala de espera para cumprimentar Bob, ele se levantou e apertamos as mãos. Era uma criança muito séria e tensa, que se comportava mais como um adulto do que como uma pessoa de oito anos. Quando entramos em meu consultório, tentei ajudá-lo a relaxar, encorajando-o a escolher um brinquedo ou um jogo para se distrair e conversando com ele sobre coisas gerais. Ele começou a fazer movimentos de tocar em alguns brinquedos, mas preferiu sentar no chão comigo e falar.

O que se segue é um resumo da fita gravada dessa sessão. Para torná-lo fluente, as declarações de Bob são anotadas; as minhas estão entre parênteses. Durante toda essa sessão ele foi falador e sério e mostrou sinais de estar tenso (torcendo os dedos, ficando carrancudo).

(Fale-me sobre a escola.) Não gosto de cometer erros. (Ah!) Fico zangado e frustrado. (O que você faz?) Algumas vezes fico quase chorando, mas resisto. (Você não pode chorar?) Os meninos iriam pensar que eu era um bebê. (Que mais você sente?) Fico com raiva de mim mesmo. Digo que sou estúpido ou eu poderia ler. (Como você se sente quando diz isso?) Mal. Sou apenas um tolo. (O que você faz com esses sentimentos?) Eu me distraio até que eles desaparecem.

(Bob, por que você pensa dessa maneira?) Não sei. (Tera alguma coisa a ver com a escola?) Eu não leio nem faço os exercícios de matemática muito bem. (E os outros meninos ...?) Eles fazem com facilidade. (Quando você diz que parece confuso.) É.

(O que mais acontece na escola?) Fico com medo algumas vezes que a professora fique zangada comigo. (Compreendo.) Se ela não gosta dos meus exercícios, ela me manda fazê-los outra vez. Eu fico com raiva porque fiz o melhor que pude. (O que que você faz?) Eu me distraio e tiro tudo de meu pensamento. Depois eu faço o exercício. (Como você esquece esses sentimentos de raiva?) Eu me preocupo com o exercício. (Você não fica com vontade de gritar e de atirar alguma coisa ou ...?) Não, seria mau.

(Você sabe, Bob, tenho a impressão de que você não gosta de você mesmo.) Não há nada para gostar. (Você quer dizer que não pode pensar em nada bom a respeito de você?) Penso que estou vivo. (Enquanto eu ouço você, começo a ficar muito triste. Será que você se sente da mesma maneira?) Sim.

(Como se sentem sua mamãe e seu papai?) Eles me amam. (Ah) Sou o filho deles. (E esta é a razão.) Creio que sim. (Você crê?) Bem, às vezes penso que mamãe queria uma menina, porque elas não dão tanto trabalho como os meninos. Mas eles podem estar querendo um menino para continuar o nome da família. (Então você pode não gostar de você mesmo e agora ouço você dizer que também seus pais talvez não gostem de você.) Algumas vezes eu penso assim.

(Você sabe, Bob, acho que o problema real é que você não gosta de você). É. (E, você está triste agora mesmo. Há quanto tempo você tem esses sentimentos e pensamentos?) Acho que começaram na primeira série. (Conte-me como foi.) Eu não podia fazer alguns dos exercícios. A professora costumava fazer-me realizá-los novamente. Os outros meninos recebem sorrisos da professora. Eu só recebo olhares desapontadores.

(Qual você pensa que era o problema na primeira série?) Não sei. (Você parecia ter problema de fazer o dever da escola.) É. (Você sabe, Bob, trabalhei com outros meninos e meninas com problemas como os seus. Algumas vezes eles pensam que seus problemas existem porque são maus e estão sendo punidos, ou porque há alguma coisa má com a cabeça deles, ou talvez porque são estúpidos ou retardados. Gostaria de saber que espécie de pensamentos você tem.) Eu penso nessas coisas. (Você parece tão triste quando pensa nessas coisas!) Talvez. Algumas vezes eu penso que pode ser que seja retardado. (Retardado?) Sim. (Seria muito desagradável pensar que você é retardado.) Sim. (Talvez fosse melhor encontrar quais são os problemas, de modo que não terá de se preocupar com coisas que podem não ser verdadeiras.) Sou estúpido demais para aprender qualquer coisa. (Posso ver por que você pensa dessa maneira. Apenas, eu aposto que você pode aprender. Mas talvez alguma coisa esteja atrapalhando. Gostaria de saber o que é, pra você fazer alguma coisa sobre isso.) Não posso fazer nada direito.

No último ano, na piscina, bati com a cabeça duas vezes ... (E talvez isso tenha causado o problema?) Talvez seja por isso que sou tão estúpido. (Não creio que esta seja a razão para você ter problemas na escola. Mas, também, acho difícil você acreditar em mim.) Não há esperança para mim.

A esta altura da sessão, coloquei Bob em meu colo e segurei-o. Ele finalmente começou a chorar. Eu lhe assegurei que ia auxiliá-lo, e aos pais dele a resolver os problemas na escola, de modo que ele pudesse gostar dele mesmo novamente. Disse-lhe que pensava que ele era um garoto muito bom e que me dava pena vê-lo com tal dor.

Testes formais identificaram distúrbios de percepção visual, seqüência, memória visual e coordenação motora fina em Bob. Havia dispersão no teste de QI. Ele tinha um potencial intelectual de média alta a superior. As intervenções educacionais especiais foram desenvolvidas na terceira série; sua professora foi orientada.

Mas o dano na auto-imagem de Bob e no desenvolvimento psicológico já havia sido feito. Ele era triste, magoado e necessitado de ajuda. A psicoterapia começou, mas não pelas razões dadas pela diretora — ele não tinha apenas distúrbios emocionais primários e, por isso, apresentava problemas na escola. Tinha distúrbios de aprendizagem e seus problemas na escola fizeram-no ter distúrbios emocionais, secundariamente.

Essa terapia, contudo, não teria sucesso sem as intervenções de educação especial na escola. Como poderia eu ajudá-lo a repensar sua auto-imagem e sentimentos sobre si mesmo se continuasse a ter experiências fracassadas na escola?

7

PROBLEMAS PSICOSSOCIAIS DO ADOLESCENTE COM DISTÚRBIOS DE APRENDIZAGEM

Se seu filho teve seus distúrbios de aprendizagem reconhecidos desde a infância e recebeu o auxílio necessário, você está à frente do problema. A adolescência é uma época cheia de estresse, mas ele será menor se os apoios familiares, sociais e educacionais básicos estiverem bem situados e você pode construir algo sobre eles. Se as dificuldades da criança não foram reconhecidas até que um problema maior de comportamento tenha aparecido na escola do segundo grau ou mais adiante, sua tarefa vai ser muito mais difícil. Com os problemas do adolescente constatados por um diagnóstico tardio e pelas próprias mudanças físicas da puberdade, é ainda mais crítico atuar com uma equipe completa de avaliação e um programa abrangente.

Durante a adolescência, o fato de um distúrbio de aprendizagem ser um distúrbio total de vida representa ainda maior significado. Afeta cada espécie de envolvimento e interação vital. Os adolescentes cujos problemas foram reconhecidos e tratados durante a infância devem agora enfrentar novos desafios. Os jovens cujos problemas se mantiveram irreconhecidos até a adolescência têm um duplo problema — devem lidar com seus distúrbios existentes, e ao mesmo tempo tentar compensar o preço emocional e escolar que já pagaram.

O adolescente com distúrbios de aprendizagem tem problemas especiais. O início da adolescência é caracterizado por uma forte necessidade de *não* ser diferente. A pessoa que, como criança, cooperou pacificamente com uma rotina de educação especial pode, como adolescente, recusar-se repentinamente a continuar a freqüentar quaisquer programas especiais e insistir em estar nas turmas regulares. Pode recusar-se a tomar medicamentos. Você pode ter que imaginar algumas condições criativas: trocar um professor especial ou outro auxílio corretivo por um ambiente fora da escola e, portanto, menos público, ou permitir que o jovem administre sua própria medicação em vez de ter de ir à enfermaria da escola.

A adolescência é uma época de rebelião e com certeza um período especialmente doloroso para um adolescente com distúrbios de aprendizagem. Como pais, vocês estarão, muitas vezes, em situações sem vitória. Se você insistir que seu filho aja de acordo com sua própria idade, o adolescente de repente age como uma criança de cinco anos de idade. Se você o tratar como uma criança, *ele* repentinamente explode em raiva. Se você tentar ajudar, o adolescente vai querer ser deixado só. Se você deixar seu filho só, ele vai acusá-lo de não o acariciar. Meu melhor conselho é aceitar o fato de que você não pode acertar. Converse abertamente sobre todo esse problema com seu adolescente e tentem lutar juntos. Se a rebelião ficar muito fora do controle, você pode procurar o auxílio profissional.

ESTÁGIOS DE DESENVOLVIMENTO

Pelo menos no mundo ocidental, o estresse emocional deve ser esperado durante a adolescência. O adolescente com distúrbios de aprendizagem tem mais problemas emocionais que o adolescente normal. Já enfatizei a importância de distinguir entre os problemas emocionais que *causam* problemas escolares e os *que resultam* de problemas escolares. Os distúrbios de aprendizagem resultaram, anteriormente, em frustração, fracasso e problemas de comportamento. Agora, os problemas de comportamento resultantes podem ter adquirido vida própria, crescendo até tais proporções que tornaram o adolescente incapaz de aprender. Os dois tipos de problemas têm, agora, de ser resolvidos.

Além disso, os problemas abandonados na infância e no tempo de criança podem reaparecer. Já falamos sobre as etapas normais de desenvolvimento da adolescência, movendo-se da dependência para a independência e estabelecendo a própria identidade. Os adolescentes com distúrbios de aprendizagem são mais propensos que a maioria a ter problemas em todas essas áreas.

Independência

Tornar-se independente — ou separado — significa largar a família e obter sucessos e experiências positivas por sua própria conta. Um adolescente inseguro, que tem uma fraca auto-imagem, que se dá mal com os colegas, pode não ser capaz de se afastar da família confortavelmente. Ao contrário, alguns adolescentes simplesmente assumem sua dependência, evitando companheiros de fora, ficando dentro de casa e assumindo a aparência de estar contente — e até preferindo — estar só ou vendo televisão. Outros consideram esses sentimentos excessivos de dependência desagradáveis e os combatem, internamente, ou batendo em outros. Negativismos, luta de poder com adultos, estilos de cabelos e roupas inaceitáveis e escolha de amigos são, muitas vezes, modos de expressar o medo e o desconforto da dependência. Embora você ache esse comportamento bastante irritável, não o ponha de lado. É extremamente importante que você compreenda e tente ajudar.

Enquanto você ajuda seu adolescente em sua luta pela independência, lembre-se sempre de suas capacidades e pontos fracos específicos. Para que o jovem descubra que uma pessoa pode e deve ter sucesso por si mesma, você deve trabalhar junto para maximizar os sucessos e as experiências produtoras de crescimento. Você pode relembrar tarefas. E você quererá trabalhar com o adolescente na seleção, fora da escola, de atividades, esportes e trabalhos muito cuidadosamente.

Adolescentes com distúrbios de aprendizagem têm problemas especiais com os amigos. Se eles também entendem o que podem ou não podem fazer bem e sentem-se confortáveis em falar com você sobre essas coisas, você pode ajudá-los a traçar estratégias especiais que irão auxiliá-los a ter sucesso por si mesmos.

Por exemplo, Cathy, que agora tem quinze anos, não ia com as amigas almoçar depois da escola ou a um restaurante no fim de semana porque não podia ler o cardápio. Discutimos esse problema em sessões familiares. A irmã de Cathy sugeriu que ela fingisse não saber o que queria e esperasse até o último pedido. Isso a faria ouvir os pedidos das outras e escolher entre eles. O pai sugeriu que ela poderia copiar o cardápio dos locais de serviço rápido, para que ela pudesse praticar a leitura em casa. Ela tentou as duas sugestões imediatamente e elas demonstraram ser úteis. Mais tarde, quando se sentiu mais à vontade com as amigas, contou seu problema a uma menina a quem era particularmente chegada. Essa amiga compreendeu e começou também a ajudar. Quando a turma estava no restaurante, a amiga se voltava para Cathy e dizia: "Olhe, não sei decidir se quero uma *pizza* ou almôndegas ou espaguete. O que é que você acha?"

Você provavelmente nunca parou para pensar quantas situações exigem uma rápida facilidade de leitura, mas elas estão por toda a parte: devem-se ler placas de ruas ou mapas, por exemplo, ou letreiros de ônibus, anúncios de TV ou legendas de filmes. Se seu filho tem um problema de leitura, é essencial que você surja com sugestões imaginativas para enfrentar isso.

Compreender e agir de acordo com instruções faladas é uma outra habilidade que qualquer um tem de demonstrar na vida diária. Se você não compreende o que está sendo dito, suas oportunidades de ação e de aprender diminuem a quase nada. Novamente, se o seu adolescente tem esse probelma, estão em pauta algumas soluções criativas.

Rico, com dezessete anos, tinha problemas de percepção auditiva e de memória auditiva a curto prazo. Tentou fazer o exame de motorista. Sabia dirigir, dirigiu bem e passou no teste escrito com facilidade. Entrou, então, no carro para o teste de estrada. O pai saiu do carro, o examinador entrou, sentou-se ao lado dele e disse: "Bem, filho, escute-me. Vê aquela linha branca? Saia e leve o carro até parar completamente na linha branca, vire à esquerda e vá até o sinal. Pode ir." Rico entendeu mal alguma das instruções e não podia lembrar-se do final. Não passou no teste.

O pai de Rico sugeriu que ele falasse com o examinador e explicasse sobre seus distúrbios de aprendizagem. Ele pensava que talvez o examinador desse instruções escritas a Rico, em vez de orais. Rico, porém, recusou-se a ser tratado diferentemente. À noite, ele e o pai chegaram a um acordo. Voltaram ao local do teste, conversaram com várias pessoas depois de elas terem feito o teste e aprenderam a rotina. O pai de Rico escreveu-a, passo a passo, e Rico decorou-a. Pediu nova inscrição e, quando fez o teste outra vez, passou com facilidade.

Seja a tarefa o uso do transporte público, aprender a fazer compras, cozinhar, ou o manuseio de dinheiro ou de um talão de cheques, a direção de um carro ou tratar com amigos nas atividades diárias, trabalhe com o seu adolescente para desenvolver estratégias para enfrentar as tarefas que ele julga difíceis. O desenvolvimento das habilidades e a compreensão das fraquezas são críticos, porque um senso de autoconfiança, auto-imagem e, finalmente, de independência são todos baseados nesses pequenos e grandes sucessos. Ninguém pode escrever um livreto de instruções para o *seu* adolescente e para a *sua* família. De fato, ninguém realmente pode dizer ao seu filho ou à sua filha como fazer as coisas da melhor maneira — os distúrbios a serem vencidos são deles, assim como as tarefas a serem executadas. Mas você pode ajudar de todos os modos possíveis, enquanto eles escrevem seus próprios livretos.

Identidade

Uma vez conseguido algum senso de independência, a grande tarefa da adolescência é encontrar uma identidade. Isso é das coisas mais difíceis em um mundo onde os sistemas de valores mudam, assim como as oportunidades de carreira, e as opções se expandem e diminuem imprevisivelmente. O adolescente de hoje — de qualquer outra época, nesse caso — questiona alguns dos "valores dos adultos" mais correntes, fica imaginando o que você fez para tornar o mundo como é hoje e tem talvez maior que menor incerteza sobre o futuro.

A maior parte disso é justamente como o que você experimentou quando era adolescente. Mas, em muitos aspectos, o mundo que os adolescentes de hoje enfrentam é muito diferente do que você viveu. Os valores sexuais e a importância dos relacionamentos mudaram. A faculdade não "garante" mais a oportunidade para o avanço social e econômico. A vida familiar, no futuro, será provavelmente mais instável e a estrutura familiar, mais flexível. Em termos de empregos, a produtividade talvez seja mais difícil de identificar com o esforço e a doação individual de uma pessoa.

Sob essas circunstâncias incertas, que espécie de identidade um adolescente pode estabelecer se ele se sente um fracasso na escola, com amigos ou na família? Qualquer distúrbio de aprendizagem apenas exacerba o problema. Tais adolescentes dificilmente podem ser culpados se permanecem imaturos e infantis em seu comportamento. Podem ser gentis e passivos, sem mostrar personalidade, ou podem ser bastante instáveis, mudando constantemente de modo de pensar, sem saber o quê ou quem querem ser. Mas, se não podem ser culpados, também não podem ser desculpados. Com uma ajuda apropriada na escola e compreensão, apoio e auxílio em casa, esses problemas podem ser enfrentados. Caso contrário, será necessário o auxílio profissional.

Dissemos que a adolescência é uma época em que ninguém ousa ser diferente. Ser exatamente como todos os outros é um critério que deve ser usado antes que um senso de diferença e um orgulho de diferenças individuais possam surgir. Esse senso emergente de identidade como pessoa, naturalmente, é um grande passo para o crescimento. Mas os jovens com distúrbios de aprendizagem já são diferentes e seus problemas sociais são inumeráveis, especialmente quando se trata dos colegas. Têm dificuldades em tomar parte nos esportes, em dançar e muitas outras atividades em que seus colegas estão envolvidos. Faltam-lhes, muitas vezes, habilidades sociais. Realizar conversas superficiais, manter contatos, ouvir os outros, esperar que alguém acabe de falar antes de dizer alguma coisa — todas essas habilidades são críticas para a aceitação social, e os adolescentes podem não ter conseguido dominar nenhuma delas. Podem ter compreendido mal o que está sendo dito, fazer observações inoportunas ou esquecer o assunto de uma conversação. Podem ser mandões, agressivos e lutadores ou ser tão quietos e passivos que desapareçam em qualquer grupo.

Nenhum desses comportamentos conduz a uma fácil aceitação pelos colegas e, em vez de se orientar nas direções corretas, alguns adolescentes se retiram para casa, se contentam com TV, ouvir música ou ler. Outros ficarão tão desesperados pela aceitação social que podem agir inadequadamente e arranjar problemas: as garotas podem tornar-se sexualmente ativas num esforço de conseguir atenção e "amor"; os rapazes tentam ser "durões", aparecendo dentro de bandos ou envoltos em pequenos delitos.

Nenhum desses problemas é fácil de resolver. Felizmente, a maioria das crianças atravessa a adolescência suficientemente bem. Alguns, porém, permanecem desajustados até — e mesmo depois de — se tornarem adultos. Normalmente, as coisas melhoram nessa ocasião. O estresse da escola pode ser coisa do passado. As pressões e demandas nos adultos são diferentes, e a pessoa quieta ou não atleta pode ser mais valorizada, ou valorizada por qualidades diferentes.

Como pais, o melhor que vocês podem fazer é, primeiro, compreender que seu filho está passando por sua primeira crise de identidade. Se vocês tentarem compreender o problema, podem chegar a um entendimento do comportamento. Ajudem seu filho a procurar atividades, esportes e outros programas que lhe ofereçam as melhores oportunidades de sucesso. Mantenham aberta a comunicação e estabeleçam alguns modos sistemáticos que podem usar para resolverem juntos os problemas.

Muitos adolescentes, de fato, encontrarão técnicas que poderão usar para se ajudarem. Na verdade, têm de aceitar o fato que têm de trabalhar mais duramente que outras pessoas para executar até coisas simples e têm de chegar a uma atitude que faça esse trabalho parecer-lhes agradável. Algumas das técnicas deles podem parecer compulsivas — manter as coisas arrumadas, bem organizadas e talvez bem planejadas, por exemplo.

Não posso imaginar melhor exemplo que Ron. Tinha justamente quase todos os tipos possíveis de problemas de percepção visual, organizacional, seqüencial e de coordenação motora fina e grosseira. Teve um programa de educação especial preparado para ele, desde cedo na escola de primeiro grau. Agora está em uma pequena escola particular normal de segundo grau. Trabalhamos juntos durante este ano. Ron estava determinado a vencer. Negociou com cada professor para receber os ajustes de que necessitava. Trabalhava três a quatro horas para executar os exercícios que a maioria de seus colegas fazia em duas. Cada incumbência era cuidadosamente organizada. Se tinha que fazer um relatório, reservava tempo bastante, muitas vezes com semanas de antecedência, para trabalho de biblioteca, leitura, redações e revisões. Para os relatórios maiores, ditava à mãe que, então, datilografava o material.

Ron estava conseguindo vencer. Era brilhante e tirava boas notas. Ao fim do ano, o professor de inglês pediu a cada estudante para escrever uma "autobiografia", que pudesse ser entregue ao professor de inglês da última série como uma apresentação. Mas deixemos Ron contar sua própria história. Notem sua autoconfiança e habilidade, conseguidas para enfrentar, compensar e resolver o problema.

> Olho para Ron e vejo um jovem com bastante força de vontade. Pode-se ver isso em minha energia para superar as limitações que me impedem de aprender. Também pode ser visto em minhas possibilidades e sucessos. Sou o que freqüentemente se classifica como pessoa com distúrbios de aprendizagem.
>
> A primeira coisa que se observa em mim são minhas muitas limitações. Uma das minhas limitações de aprendizagem é que não posso soletrar. Embora tenha tentado durante muitos anos aprender por

meio da memorização, palavras chave, fonética e outros meios de ensino, não posso soletrar. Lembro-me de ter feito um teste de execução de soletração, ano após ano, sem nenhuma melhora.

A outra limitação que tenho é não poder escrever legivelmente, mesmo para mim mesmo. Por exemplo, lembro-me de ter feito um teste de biologia, respondendo o que eu sabia que eram as respostas certas e recebendo de volta o papel, aprovado com 10 em 25 e "não pude ler" nas demais. Outra limitação que afeta meu desempenho escolar é que não posso calcular ou escrever com rapidez, mesmo ilegivelmente.

Algumas das minhas limitações não têm nada a ver com a escola, mas se referem à minha coordenação motora. Não posso segurar corretamente o remo de uma canoa e coordenar os movimentos de meu braço de forma que a canoa não fique em círculos. Não posso coordenar a visão da bola que está vindo, o nível do bastão e o movimento de meu braço. Conseqüentemente, nove vezes em dez, perco a bola completamente. Este problema se manifesta também do outro lado do lugar do batedor. Não posso manter meu olho na bola, acompanhá-la, vê-la vir a mim, posicionar minha luva e perder a bola por questão de três a nove pés.

Tentei sobrepujar-me às minhas limitações procurando enfrentá-las. Com relação à ortografia, como descrevi previamente, não posso aprender como soletrar. Mesmo usando um dicionário, é difícil para mim porque não posso saber quais são as duas primeiras letras de uma palavra. Verifiquei que o melhor meio de enfrentar esse problema é informar os professores sobre ele e, sempre que possível, ter ao lado alguém que saiba soletrar. Quanto à grafia, embora tenha tentado produzir uma letra legível, sob a cuidadosa e paciente orientação de muitos, vi que isto estava próximo do impossível e que minha grafia parecia o cruzamento entre a ciscagem de uma galinha na terra e o árabe. Daí, sempre que possível, eu datilografava meus exercícios, eliminando, assim, a necessidade de uma grafia legível. Para enfrentar meu problema com cálculo, uso um calculador, eliminando, dessa forma quaisquer erros descuidados de aritmética. Lembro-me de ter ido ao professor de matemática, um dia depois da aula, e ter-lhe dito: "Posso fazer esse exercício, compreendo os conceitos, mas simplesmente não posso realizar fisicamente os cálculos."

Quanto à minha coordenação motora, tento o melhor que posso. Lembro-me de estar um dia no lago, sozinho numa canoa. Um vento forte começou e eu estava tentando ir de um lado do lago para o outro em uma linha perpendicular ao vento. A situação se manifestou duplamente frustrante porque eu sabia colocar a canoa contra o vento, para onde eu queria ir, mas não podia mantê-la naquela direção. Tento enfrentar os meus problemas com o beisebol indo ao campo quando não há ninguém lá, jogando a bola o mais alto que posso e tentando apanhá-la.

Apesar de minhas limitações, tenho muitas possibilidades e tenho tido muitos sucessos. Tenho uma habilidade de compreender os conceitos gerais que um professor está tentando explicar. Tenho sido capaz de escrever ensaios e outros trabalhos claros e concisos. Posso aprender com meus erros e com uma crítica construtiva de meu trabalho. E, se verdadeiramente interessado em um assunto, tentarei encontrar o máximo de informações que puder sobre ele. Também tenho boa memória e retenho informações concretas. Sou altamente motivado para conseguir as coisas não somente em tempo, mas cedo, se possível, e sou também altamente motivado para aprender.

Meus sucessos são muitos. Incluem meu desempenho escolar, onde geralmente tiro as maiores notas (A ou B), das quais eu muito me orgulho, e a luta de minhas próprias batalhas com os professores para fazê-los compreender minhas limitações. Também tenho alguns sucessos esportivos. Entre eles está minha habilidade de velejar, que me permitiu ultrapassar as condições para uma competição em um acampamento de verão onde estive. No mesmo acampamento, aprendi a ser um bom atirador e passei os quatro mais baixos níveis em um tempo relativamente curto. E, se não consegui remar em uma canoa, desenvolvi uma habilidade de remar em outros barcos, uma forma mais simples e mais divertida de atividade aquática movida pelo homem.

O sucesso mais recente na escola inclui a sobrevivência, se bem que escassamente, de três dias bastante confusos com um professor de ciências, graças ao auxílio de um professor de inglês, sobrevivendo por não ter ficado louco com o pensamento de que eu não conseguia fazer.

O reconhecimento de minhas possibilidades leva à necessidade de suplantar minhas limitações e produziu muitos sucessos. Admito, contudo, que não poderia ter conseguido sucesso sem o encorajamento de muitas pessoas.

Deixem-me ampliar o penúltimo parágrafo de Ron, o da sobrevivência. Sua turma de ciências foi numa viagem de uma semana para estudar a natureza. Cada dia, os orientadores faziam uma conferência sobre diferentes tópicos. Ron queria aprender, mas não podia escrever tão depressa quanto o professor falava. Em breve, estava perdido e não podia entender as demonstrações ou os projetos apresentados — por exemplo: "Vão agora ao mato e procurem os exemplos de relacionamento simbiótico que acabamos de discutir." Pediu auxílio ao professor de biologia. Ele mandou-o ao instrutor. Este ficou intrigado e não sabia o que Ron queria. No terceiro dia,

Ron estava tão frustrado que saiu violentamente da sala, murmurando para sim mesmo sobre o estúpido professor. Perambulou pela mata, aborrecido consigo mesmo por estar tão incapaz de resolver a situação. Por que ele não explicou suas necessidades ao instrutor? O que faria se não aprendesse nada? O que ele conseguiria fazer na faculdade com todas aquelas conferências? Todas as suas velhas dúvidas e medos voltaram à tona. Depois de algum tempo, concluiu que precisava de auxílio. Foi ao professor de inglês, alguém com quem tinha afinidade e em quem confiava, e explicou o problema. O professor foi com ele ao instrutor e discutiram o problema. O professor de inglês concordou em tomar notas para Ron que, então, ficou livre para ouvir. O restante da semana transcorreu bem.

Enquanto você observa seu adolescente crescer, converse com outros pais cujos filhos têm problemas semelhantes, com o médico de família, com os educadores especiais da escola. Se você tiver problemas além do que pode manejar, não hesite em procurar orientação com um profissional de saúde mental.

HIPERATIVIDADE E DÉFICIT DE ATENÇÃO/CONCENTRAÇÃO

A Hiperatividade e/ou Dificuldade de Concentração parecem melhorar ou desaparecer em cerca de oitenta a oitenta e cinco por cento das crianças na puberdade. Não compreendemos a razão. Em cerca de quinze a vinte por cento dos casos, porém, essas condições continuam pela adolescência e possivelmente no início da idade adulta.

Se isso acontecer com seu filho, ele provavelmente continuará a precisar de medicação. Você pode encontrar resistência — como dissemos, ninguém nessa idade quer ser diferente. Você pode, então, tratar desse problema conversando sobre ele com seu filho. Tente tirar a medicação por algum tempo, para experimentar. Dessa maneira, você verá como a medicação é importante e seu filho também poderá ver por si mesmo.

Você pode criar um plano para usar a medicação de um modo mais direto. Verifique quais são os períodos de quatro horas de duração em que a Hiperatividade e a Dificuldade de Concentração mais provavelmente são capazes de interferir nas atividades normais — seja na aprendizagem, seja em situações sociais. Seu adolescente deve, então, concordar em usar o medicamento durante esses momentos escolhidos, mas tente continuar sem ele durante outros tempos.

Se o medicamento é realmente necessário durante quase todo o tempo e se seu filho ainda resiste, discuta o problema com o médico e obtenha aconselhamento.

DISTÚRBIOS DE APRENDIZAGEM NA ADOLESCÊNCIA

Se os distúrbios de aprendizagem tiverem ficado sem reconhecimento e sem tratamento, é possível que o adolescente desenvolva dificuldades psicológicas. Alguns jovens podem se deixar ficar deitados e evitar o trabalho de casa ou começar a criar problemas, faltando às aulas e se metendo em dificuldades com as autoridades. Alguns outros, que necessitam de auxílio especial, infelizmente, imaginam que a escola não os quer e saem. Eu os chamo de "empurrados pela escola", em vez de abandonados pela escola. A escola tanto os negligencia e abusa deles que desistem e saem. Uma vez livres das pressões escolares, podem acalmar-se, conseguir um emprego e, de alguma maneira, dominar por si mesmos seus problemas de comportamento. Na melhor de todas as possíveis situações, eles fazem, mais tarde, um teste de equivalência de escola do segundo grau. Mas, infelizmente, sem um auxílio profissional, a maioria continuará a ter dificuldades.

Como você sabe, distúrbios de aprendizagem afetam além do desempenho escolar; afetam todos os aspectos da vida de uma pessoa. Que ajuda, então, poderiam as escolas prover e o que pode ser feito em casa?

Muitos distúrbios de aprendizagem não desaparecem à medida que seu filho se torna mais velho. Quando persistem, o auxílio especial também deve continuar. Para alguns, ainda são necessários programas auto-suficientes de orientação especial. Para outros, aulas regulares com terapia de educação especial de apoio serão suficientes. Alguns estudantes precisam de livros gravados em fitas, pessoas que tomem notas por eles nas aulas ou mais tempo para fazer os exercícios ou para realizar os testes. Cada estudante tem necessidades diferentes. Assegure-se de que sua escola provê o que é necessário e de que você e seu adolescente compreendem o programa em que ele está.

Deixe-me acrescentar apenas um detalhe. Infelizmente, muitos sistemas escolares investem seu tempo e dinheiro em programas para crianças da escola do primeiro grau, oferecendo o mínimo auxílio ao estudante da escola de segundo grau com necessidades especiais. Você tem de tratar disso. Torne-se um "advogado" para os programas de que seu filho precisa. Se ele precisa deles, sem dúvida outros também. Mesmo que você possa pagar o auxílio particular necessário para suplementar as deficiências do programa da escola do segundo grau, não se contente apenas com isto. Reúna-se com outros pais e tente desenvolver um programa apropriado *dentro* da escola.

Se os problemas de seu adolescente não foram diagnosticados até a escola de segundo grau, ele provavelmente tem maiores falhas ou deficiências no conhecimento básico que deve ser destacado. Se seu filho não aprendeu que 2 + 2 = 4 desde cedo na escola de primeiro grau, não será capaz de entender 2a + 2b = 4c na escola de segundo. O mesmo é verdadeiro com a gramática básica e as regras de pontuação.

Você e a escola deverão avaliar o futuro realisticamente. Em que ponto está seu filho? Onde você espera que ele esteja aos dezoito anos? Deverá você encorajar a ida para a faculdade, uma escola técnica ou um treinamento vocacional? Discuta isso com os dirigentes profissionais da escola ou com um consultor particular e assegure-se de que seu filho participa da decisão e do planejamento. Se o seu jovem está se voltando para um negócio ou um emprego, peça ao educador especial para orientá-lo nos valores que as diferentes escolhas de carreira exigem. Aqui, como em tudo o mais, cada um deve construir baseado em capacidades, minimizando o impacto das dificuldades.

Se a faculdade é possível, você deve saber que muitas faculdades excelentes de dois e quatro anos aceitam estudantes com distúrbios de aprendizagem. Baseiam a aceitação no potencial do estudante, não apenas em suas notas (Veja no Apêndice uma relação delas.) Essas faculdades oferecem orientação especial, contato com os professores da faculdade e recursos tais como livros em fitas. Você pode providenciar o Teste de Aptidão Escolar para ser realizado sem tempo marcado e/ou com um preceptor que lê as perguntas e escreve as respostas. (A informação sobre como conseguir isso está no Apêndice.) Pessoas motivadas, competentes, mesmo com distúrbios de aprendizagem podem prosseguir sua educação até onde quiserem. Exige trabalho — mais trabalho do que faz o estudante médio — mas pode ser feito. Programas e recursos estão disponíveis hoje para todos os níveis de escolaridade, inclusive faculdades e escolas profissionais.

Tudo se resume nisto. Se seu filho fica mais velho, deve começar a aceitar alguma e, mais tarde, a maior parte da responsabilidade por sua própria vida e bem-estar. Se a auto-imagem e a identidade emergem, esta ajuda se torna imprescindível. Ninguém mais está na linha de frente e ninguém mais sabe melhor o que ele necessita. Você deve auxiliar seu adolescente a aprender a decidir e lutar pelo que é necessário. Você não pode mais fazer o trabalho dele e, agora, é a hora de enfrentar isso.

O ADOLESCENTE COM DISTÚRBIOS DE APRENDIZAGEM COMO "ADVOGADO": JOHN

Aos dezessete anos, John estava nos últimos anos da escola do segundo grau em aulas normais, mas tendo duas horas por semana de terapia particular de educação especial. Estava com programas especiais desde a quinta série. Era um jovem brilhante, com distúrbios nas áreas de percepção visual, seqüência e coordenação motora fina. Sua habilidade de leitura oral estava próxima do nível da quarta série.

Quando John começou a classe avançada de inglês, encontrou-se com o professor e explicou o que ele podia e o que não podia fazer. Pediu permissão para ter mais tempo quando fizesse os testes escritos em aula. Explicou que podia fazer todo o seu trabalho de casa porque dispunha de mais tempo. Ele não queria, disse, entregar testes incompletos em aula, porém se prontificava a chegar mais cedo ou voltar durante a hora de almoço ou depois das aulas para terminá-los. Pediu que confiassem nele, porque não colaria ou passaria as questões para os outros. Pediu, também, para não ser chamado para ler alto em aula.

À medida que o semestre terminava, o professor fazia os estudantes lerem trechos de literatura e escreverem relatórios sobre cada um. John os executava e fazia bem. Cada semana, porém, os estudantes tinham de ler, por turnos, seus relatórios em aula. John não foi dispensado. Primeiro, ele memorizava seus relatórios. Em aula, fingia que estava lendo e recitava seu material. Como você pode imaginar, isto, em breve, se tornou uma grande perda de tempo e parecia contraproducente a John. Por isso, parou de memorizar seu trabalho escrito e aproximou-se novamente do professor para explicar seu desejo de evitar a leitura na classe. O professor insistiu para que ele lesse e John firmemente negou-se.

John exercitou-se bastante e conseguiu uma nota A em cada relatório e em cada exame. Mas recebeu uma nota B no primeiro período. Nessa ocasião, ele me chamou para aconselhá-lo e organizamos uma estratégia. Ele perguntou se eu poderia ir com ele quando fosse aplicar o nosso plano. Disse-lhe que representaria a situação com ele e ajudá-lo-ia de qualquer outra maneira que pudesse, mas que já era tempo de ele travar as suas próprias batalhas. Assegurei-lhe que ele poderia fazê-lo.

John pediu uma entrevista com o professor e o diretor. Começou a reunião dizendo ao diretor que tinha recebido uma nota B em inglês. Depois perguntou ao professor que notas tivera em cada relatório e teste. O professor confirmou as notas A. John abriu uma pasta e mostrou ao diretor os relatórios e os exames. Perguntou, então, ao professor por que havia recebido uma nota B, e não um A, como nota geral. O professor declarou que a nota era também baseada na participação em aula. Quando John pediu uma explicação, o professor respondeu que John havia se recusado a ler seus relatórios em aula.

Calmamente — tínhamos ensaiado isso antes — John perguntou ao professor se ele estava ciente de que tinha distúrbios de aprendizagem e, especificamente, distúrbios de leitura. O professor disse que sabia, mas pensava que, se John queria estar em uma classe normal, tinha de ser igual a todos os outros estudantes. John respirou fundo e disse: "Quero avisá-lo de que, se não trocar o B por um A, eu iniciarei uma ação legal contra o senhor por discriminação contra os incapazes, baseado no Artigo 504 da Lei de Reabilitação de 1973."

Naquela noite John me chamou para se gabar. Tinha conseguido o A. Estava satisfeito com sua nota e consigo mesmo. Eu estava feliz com a confiança que ele havia ganho e o crescimento que seu comportamento refletia. É verdade que seus pais podiam ter feito isso, talvez melhor, certamente de uma forma mais indireta. Mas John precisava da experiência e a obteve.

8

REAÇÕES DA FAMÍLIA À CRIANÇA COM DISTÚRBIOS DE APRENDIZAGEM

Tratamos, por algum tempo, dos problemas que crianças e adolescentes com distúrbios de aprendizagem têm em seu relacionamento com pessoas tanto fora como dentro de casa. Os problemas emocionais e sociais dos membros da família que não só querem, mas têm de tratar producentemente com seus atormentados filhos, filhas, irmãos, irmãs merecem uma atenção especial. Como nos capítulos anteriores, começarei aqui com as reações normais de pais e irmãos, indo, depois, olhar os problemas maiores que surgem quando sentimentos perfeitamente normais se prolongam demais ou se tornam excessivos, passando a ser, portanto, anormais e destrutivos.

Quando um membro de uma família sofre, cada um da família sente a dor do sofredor e reage a ela, algumas vezes com quase igual aflição. Pais, irmãos, avós — todos são parte desse sistema humano do qual a criança com distúrbios de aprendizagem vive e cresce. Toda a família precisa compreender o alcance total dos problemas da criança ou do adolescente, se cada um quiser ajudar. Cada um precisa compreender suas *próprias* reações da mesma maneira, e, algumas vezes, isso é um processo doloroso e difícil.

Depois que sua criança ou seu adolescente tiver sido avaliado, alguém da equipe de avaliação deve explicar os resultados a você. A criança, também, deve saber e compreender, na medida do possível, o que foi verificado. Algumas vezes o avaliador se encarrega disso como rotina. Raramente, porém, alguém, inclusive os pais, explica os resultados a irmãos e a outros membros da família. Contudo, é imperativo que todos os que se relacionam com a criança saibam e compreendam os problemas.

Como pais, vocês, sem dúvida, tiveram dificuldade de aceitar que seu filho era diferente, que alguma coisa estava errada. Podem ter experimentado, ou ainda estar experimentando, uma série de reações não muito diferentes da de tristeza que as pessoas têm quando morre alguém querido, embora essa tristeza seja de menor intensidade. De certa forma, essa reação é muito válida. Vocês devem "perder" uma parte de seu filho, ou, no mínimo, suas ambições para a criança, com medo de que nunca se realizarão. Quando falamos dessas reações aqui, não fiquem angustiados. Esses sentimentos não são apenas normais, eles devem ser esperados.

Vamos continuar a ver os muitos problemas que aumentam o estresse que a família já sente em relação à situação básica. Se você reconhece que quaisquer desses são problemas sérios em sua família, fará bem em consultar o médico de família ou um profissional da área de saúde mental. Porém, não fique envergonhado de discutir sentimentos que possam parecer "egoístas" ou "indignos" a você. Esses problemas são reais e seus sentimentos são genuínos. Deve enfrentá-los e lidar com eles. Agüentar firme ou negar-lhes a existência só tornam as coisas piores para você e para sua família.

REAÇÕES NORMAIS NOS PAIS

Não é surpresa para vocês que, além de serem mães e pais, são também seres humanos. Têm seus próprios sentimentos e pensamentos. Têm geralmente companheiros com quem mantêm relações íntimas, relações que são muitas vezes difíceis de conduzir com sucesso sem estresses adicionais. Ter um filho com um distúrbio afeta sentimentos e pensamentos, receios e esperanças que a maioria das pessoas não está preparada para enfrentar. Essas reações afetam ambos os pais, não só como pessoas individuais mas também como casal.

Em nenhuma outra ocasião o estresse é maior do que quando o diagnóstico é feito: esse é o momento em que os pais sentem o primeiro ímpeto de angústia, receio, impotência, raiva, culpa, vergonha — tudo ao mesmo tempo. Nada pode descrever os pensamentos que se passam na cabeça de um dos pais quando ele ou ela volta para casa do consultório médico, depois da primeira entrevista. Nenhum profissional sensível deveria descrever os problemas de uma criança a um dos pais sem reconhecer esses sentimentos e sem terminar com uma linha de ação positiva, tal como "e é o que vamos fazer com isso".

Infelizmente, nem todos os profissionais são sensíveis assim. Alguns fazem o que chamo de jogo do "Então, você é leproso". Atiram uma porção de rótulos, dando na cabeça do pai com "Seu filho é retardado", ou "Sua filha tem distúrbios — passe bem". E lá se vão os pais, oprimidos, com pouca esperança ou direção a seguir.

Negação

A fase inicial da reação semelhante à mágoa, pela descoberta de um distúrbio de aprendizagem, tal como outras reações de tristeza, é, muitas vezes, *negação*. "Não pode ser verdade... o doutor deve estar enganado." Ou: "Ela só o viu durante uma hora, não acredito." Você pode duvidar da competência do locutor de tais notícias e quer puni-lo. Freqüentemente, os pais procuram outras opiniões. Embora a obtenção de outras avaliações seja útil, infelizmente a "procura de um médico" que vá lhe dizer o que você quer ouvir não vai produzir nada útil para seu filho.

Outra forma de negação é a reação de "cobertura". Um dos pais, normalmente a mãe, quer "proteger" o outro não compartilhando os resultados ou minimizando os problemas. Alguns pais conseguem encobrir com sucesso o fato de a criança estar em um programa de escola especial durante anos. Tristemente, a mãe ou o pai, que está desinformado sobre as verdadeiras habilidades da criança, continua muitas vezes a manter expectativas irreais, e exige resultados da criança que esta não tem possibilidade de produzir. A criança, vendo através dessa cobertura, percebe a verdadeira razão dela: "Eles não podem me aceitar tal como sou; têm de fingir que sou diferente do que realmente sou." Isso muitas vezes torna as crianças, muito compreensivelmente, tristes ou zangadas, e geralmente têm dificuldade de se aceitar, uma vez que elas não sentem que os pais podem aceitá-la.

Raiva

Um período de raiva normalmente se segue ao estágio da negação. Os pais podem manter esta raiva interiorizada, contra eles mesmos, ou projetá-la para fora, culpando o outro cônjuge ou qualquer outro elemento exterior. Ao saber dos distúrbios da criança, é normal ficar com raiva e com outros sentimentos, tais como "Por que eu?" "Como Deus pôde fazer isso comigo?" "Como fui fazer isso?" "Como pôde *você* fazer isso?" "Nunca devíamos ter tido filhos!" Esta reação inicial muitas vezes reflete sentimentos de desapontamento, desamparo e frustração que são muito reais. Na verdade, porém, esses sentimentos devem e vão passar.

Culpa

Se os pais voltaram sua raiva inicial contra si mesmos, atacando-se, ficando com raiva de si mesmos e não dos problemas, seguir-se-ão, provavelmente, sentimentos de depressão. Associado a essa reação, está um sentimento de culpa. É um passo muito pequeno de "Como fui fazer isso?" para "É tudo minha culpa." O pai pode censurar-se com "Deus está me punindo porque. . ." ou "Não segui os conselhos de meu médico", ou "Esta carga extra me foi dada para provar meu valor".

Para certas pessoas, sentir-se culpada e/ou deprimida representa uma tentativa de estabelecer o controle de uma situação que elas julgam basicamente sem esperança ou fora de controle. Se um dos pais pode lançar a culpa — ou atribuir a causa — a si mesmo ou a si mesma, essa pessoa então "conquista" a situação explicando-a, mesmo que erroneamente. A "lógica" é que, se isso aconteceu por uma razão — por causa de alguma coisa que alguém fez — e se esse alguém não pratica novamente aquela transgressão, então nada semelhante ao que aconteceu vai acontecer outra vez.

Assim como a criança que se sente deprimida tende a tornar-se quieta e se afastar das pessoas, da mesma maneira um dos pais torna-se isolado. Se essa depressão continua, ele pode afastar-se do filho ou do cônjuge, justamente quando um ou o outro, assim como os outros membros da família, precisa ao máximo daquela pessoa.

Se a raiva inicial for lançada para fora, um dos pais cria o padrão de culpar ou de atribuir a falta a alguém ou a alguma coisa fora dele. Tal como na reação de culpa, culpar um agente exterior pelo menos coloca a responsabilidade *em algum lugar*, e isto também protege a pessoa dos sentimentos de desamparo. O pai pode culpar o médico porque "Ele não chegou ao hospital com a pressa necessária" ou "Eu disse a ela que estava em trabalho de parto, mas ela não quis acreditar em mim e a criança quase nasceu no carro", ou "Se o pediatria tivesse vindo vê-lo, em vez de prescrever pelo telefone, ele não teria tido aquela febre alta". Uma pessoa pode generalizar essa reação para todos os profissionais, que, então, tornam-se "trapalhões", "incompetentes" e "charlatães". "É culpa da escola", ou "Ela é muito jovem, uma professora inexperiente", "Ele nada mais é que um velho louco". A professora, o médico ou a médica ou quem quer que seja o alvo da raiva provavelmente nunca ouve essas queixas. Mas os pais podem contribuir para que *a criança* nunca as esqueça. Reações como essas minam a fé da criança e o respeito justamente pela pessoa à qual deve procurar, para ajuda e por esperança.

Alguns pais tentam suprimir sua culpa ou sua necessidade de colocar a culpa em algum lugar superprotegendo a criança. A coisa mais humana e normal a fazer, quando um jovem está sofrendo, é correr e tentar protegê-lo. Isso é necessário e útil. Mas um objetivo deve ser proteger a criança só quando precisa de proteção e encorajá-la a crescer quando não precisa de proteção, mesmo que seja doloroso. Um cobertor de superproteção envolve as fraquezas da criança, mas também abafa as capacidades dela. A superproteção não apenas mantém a criança imatura como retarda o crescimento nas áreas em que ele é possível, e também faz a criança sentir-se desajustada. Ela sabe o que está acontecendo. Quando todos os outros têm uma tarefa, mas sua filha não; quando todos se revezam para tirar a mesa, mas seu filho nunca o faz, essa criança provavelmente concluirá: "Vê, concordam comigo — sou incapaz." Tais crianças podem ter pouca coordenação ou serem incapazes de se concentrar por qualquer espaço de tempo, mas são tão sensíveis como você, ou talvez mais.

A maioria dos pais atravessa essas fases normais de negação, raiva e culpa. Quando o fazem, tornam-se, gradualmente, fortes "advogados" para os filhos, mobilizando sua energia de maneiras construtivas.

REAÇÕES PATOLÓGICAS DOS PAIS

Negação crônica

Alguns pais não conseguem abandonar a negação. Continuam a procurar um médico, na persistente busca de um médico com a cura mágica ou de alguém que lhes diga que nada está errado em seu filho. Tais pais saúdam o novo profissional com lisonjas e elogios, criticando os muitos médicos, educadores, psicólogos e psiquiatras cujas opiniões tinham rejeitado. No final, o novo salvador também é rejeitado e, então, atacado. À medida que sua frustração aumenta, eles saltam de uma cura prometida para outra, muitas vezes tornando-se vítimas dos que capitalizam sobre pessoas angustiadas. Essa busca sem esperança, naturalmente, priva a criança do tempo que devia passar em programas construtivos e na valiosa terapia de que necessita.

A reação de negação crônica tem outras conseqüências potencialmente sérias. Como cada "autoridade" falha, ela deve ser rebaixada quando os pais mudam para a seguinte. A criança aprende a mensagem de não ter fé em ninguém, em nenhuma especialidade profissional. Essa fé e essa confiança são absolutamente necessárias para se ter esperança, e esperança é absolutamente necessária se vamos trabalhar para suplantar as deficiências. E, como disse antes, a criança também percebe a sutil mas clara mensagem: "Não podemos aceitar você como é." A criança ouve, sabe e reage com raiva, vergonha e uma convicção de inadequação.

Culpa crônica

Quando um dos pais maneja sua culpa insolúvel, tornando-se abertamente dedicado à criança, está apto a ficar encobertamente furioso com isso. O que aparece em público é a dedicação: "Nenhuma tarefa, nenhuma viagem, nenhuma despesa é suficientemente grande para ajudar meu filho." Mas o que está atrás disso é a raiva de ter de fazer tudo isso, e a de ter de abandonar tantas coisas. Às vezes, um dos pais se torna um mártir profissional: ele ou ela nunca deixa ninguém se esquecer como é grande o esforço, como é abnegado o sacrifício. O comportamento aparente pode ser doce e admirável, mas, de algum modo, a criança percebe a amarga mensagem paralela: "Olha quanto eu faço por você, seu ingrato, criança inútil. Para começo de conversa, você não vale nada e não mostra reconhecimento."

Raiva crônica

Quando os pais não resolvem sua raiva inicial ou não aprendem a controlá-la, continuam a projetá-la. Nada pode sair direito. Alguém está sempre errado para eles: "Depois de todo este dinheiro e tempo, você não ajudou o meu filho! Como é que pode?" Ou, para a criança: "Depois de todos os meus esforços, por que você não aprende nada?" Tais pais, miseráveis eles mesmos, são quase impossíveis de tratar pelos profissionais — ou para uma criança viver com eles.

Para outros pais, a reação inicial normal de superproteção pode tornar-se um estilo de vida para o pai ou a mãe que impede o crescimento tanto da criança *como* de si mesmo e aumenta os sentimentos de inutilidade da criança. Nessas circunstâncias, a criança pode facilmente tornar-se infantilizada. Às vezes, o comportamento superprotetor pode surgir da tentativa dos pais de encobrirem sentimentos de sua inadequação como pessoa e como pais. Pessoas com baixa autoestima e sentimentos de inutilidade podem criar sentimentos de ser desejadas e necessárias, para se iludirem de que são "tudo que a criança tem no mundo". Quando a imaturidade existente e os sentimentos de incompetência da criança conduzem ao fracasso, ela naturalmente se retira para casa. Os pais superprotetores vêem isso e se sentem ainda mais justificados para se manifestar e proteger ainda mais. Um ciclo autodestruidor começa a se repetir, a criança cada vez mais se convencendo que é inútil sem o pai ou a mãe, e este ou esta reforçando a noção de que a criança não pode sobreviver sem ele ou ela.

Em um comportamento intimamente relacionado, os pais podem conduzir sua culpa insolúvel afastando-se de outros contatos sociais e/ou familiares e dedicando-se totalmente à criança. Alguns pais chegam ao ponto de não ter mais energia para relacionamentos com outras crianças na família ou com seus maridos ou mulheres. Tomar conta das necessidades de uma criança exige tanto que a pessoa fica tão desgastada, tão cansada, que não consegue atender as necessidades de outros filhos ou as relações sociais ou sexuais de seu esposo ou esposa. O resultado é uma família disfuncional. E, novamente, muitas vezes a raiva desse estado de coisas não é abertamente discutida entre os pais mas deslocada para a criança que é vista como a causa de tudo isso.

AS REAÇÕES DAS OUTRAS CRIANÇAS NA FAMÍLIA

Quando os pais suspeitam de um distúrbio de aprendizagem e ficam preocupados, normalmente levam a criança a um ou mais especialistas. Finalmente alguém lhes explica qual é o problema e o que é necessário fazer a respeito. Em algum momento, alguém provavelmente se senta com os pais e "interpreta" o que foi observado. Às vezes, mas não com freqüência suficiente, alguém se senta com a criança e explica-lhe quais são os problemas, quais serão as partes do tratamento e por quê. Quase nunca, porém, alguém explica alguma coisa disso aos irmãos da criança. Mas eles são parte da família e precisam estar cientes. Como sabemos, quando um membro de uma família se machuca, todos se machucam. Quando são deixados no escuro, o que se espera que os irmãos e irmãs venham a fazer? Como eles devem agir?

Alguns ficam muito amedrontados e sentem-se *ansiosos*. Isso é especialmente verdadeiro nas famílias que tentam encobrir e pouco, ou nada, é dito. "O que há de errado com Jimmie?", perguntam, ao que os pais respondem: "Ah, nada em especial... ele está bem." Mas eles vêem os pais levando Jimmie de um lado para outro, e os ouvem falando em tons baixos, preocupados ou enraivecidos. Ocasionalmente ouvem palavras como "dano cerebral" ou "Onde vamos arranjar dinheiro para tudo isso?" Vêem mamãe ou papai descontrolados, às vezes em lágrimas, talvez furiosos. Convencidos de que alguma coisa está errada, mas não sabendo o quê, suas imaginações começam a funcionar. Com freqüência fantasiam as coisas piores do que realmente são. Então se amedrontam. Já ouvi irmãos e irmãs dizerem "Ele vai viver? Ele vai morrer?", "Vai acontecer comigo?", "Se não é importante, por que todos os cochichos e o corre-corre?". Seus outros filhos devem receber informação clara em um nível que eles possam entender, e todos os fatos que necessitarem para que possam entender.

Irmãs e irmãos podem se tornar *zangados*, brigando com a criança que tem os problemas ou com os pais. Se houver duplicidade de exigências, pode estar certo de que eles a notarão e ficarão zangados. "Por que eu tenho de fazer minha cama e ela não?" ou "Ele quebrou meu brinquedo e você não fez nada". Ou a quantidade de tempo e energia que os pais dispendem com a criança com distúrbio pode tornar a outra ciumenta. Levar a criança para o orientador, para os programas especiais e aos médicos, deixa pouco tempo disponível para os outros. Tanto dinheiro deve ser gasto com a criança incapacitada que todos os outros ficam sem nenhum ou as férias têm de ser modificadas. Não se pode, realmente, culpar os irmãos de reclamarem.

Além disso, essas crianças terão, sem dúvida, de agüentar alguma provocação na escola. "Ei, como vai o estúpido de seu irmão?" ou "Sua irmã realmente age engraçado... ela é tão grossa... é um caso mental?" Qualquer um, e especialmente uma criança, fica embaraçado com tais comentários e zanga-se. Mesmo em casa, um irmão normal pode não se sentir seguro. As crianças podem deixar de trazer seus amigos à sua casa, com medo de ficarem embaraçados com as excentricidades de um irmão ou irmã.

Irmãs e irmãos podem sentir-se *culpados* também e sentem-se particularmente culpados com sua raiva quando a mensagem, verbal ou não, de seus pais é "Ele não pode fazer nada", ou "Não é culpa dela". Essa é uma mensagem difícil de engolir por alguém que ainda não conseguiu bastante perspectiva da vida. Ou um irmão ou irmã pode pensar secretamente: "Estou contente de que não seja comigo", e, depois, sente-se culpado e encabulado por ter tido tais pensamentos.

Por causa desses sentimentos de raiva e culpa, um irmão ou uma irmã pode *agir contra* o irmão com distúrbio. Podem implicar e provocar a criança para encorajar um mau comportamento, ou podem fazer algo eles mesmos e, depois, usar a criança como bode expiatório. Se os pais punem a criança incapacitada, os irmãos se sentem vingados. Alguns irmãos normais fazem com que a criança incapacitada pareça ou aja mal simplesmente porque pensam que, quanto pior o irmão ou a irmã parecer, melhores eles ficarão.

Um irmão normal pode também afetar negativamente a criança com distúrbio. Parece que a opinião das crianças incapacitadas é que um irmão mais novo não só é supernormal e agradável, mas precoce, ultrapassando-as social e escolarmente. Isso machuca. Porém, com toda a honestidade com essas crianças, elas devem ser encorajadas para viver todo o seu potencial. Merecem encorajamento e elogio. Não evite ou minimize elogios com medo de ferir seu filho ou filha que tem distúrbios de aprendizagem. Ele tem que aprender a viver com a realidade.

Não há jeito para você evitar que alguns ou todos esses sentimentos apareçam em sua família. Nenhum de seus filhos nasceu autonegativo, um modelo altruístico de caridade. Além disso, podem-se suportar todos esses sentimentos, desde que mantidos dentro de certos limites. O único meio de evitar o pior dessa raiva em seus filhos é, primeiro, dizer-lhe todos os fatos, depois fazê-los saber que é certo e aceitável que eles se expressem, abertamente, sobre o que estão pensando ou sentindo e, finalmente, responder a todos as suas perguntas racional e honestamente.

Nada disso será fácil, mas vocês são os pais deles também. Se você verificar que precisa de auxílio para explicar a situação em qualquer ponto, não hesite em chamar seu médico de família, o educador especial ou qualquer outra pessoa para ajudar.

UM EXEMPLO DE REAÇÕES NUMA FAMÍLIA NORMAL: DANNY

A primeira vez que vi Danny para uma avaliação, ele tinha três anos e o acompanhei durante os últimos dez anos. Logo depois da avaliação inicial, a mãe dele começou um diário. Inicialmente ela tentou reconstruir suas experiências com Danny desde a época do nascimento. Incluí trechos desse diário no quadro clínico de Danny. A Sra. S. escreve excepcionalmente bem, muitas vezes com eloqüência, mas não mistura isso com um conto de ficção. Quando apresenta e finalmente começa a controlar os vários estágios de seu desespero, você é atingido pela verdade e validade de seu relato.

Gravidez

A terceira gravidez da Sra. S., depois de dois filhos, um de quatro anos e outro de dois, foi sem complicações. Seus comentários refletem a satisfação com que ambos os pais saudaram essa criança.

> Um terceiro filho? Que alegria, que delícia, aquele orgulho do pai — que prazer para a única mulher — a rainha de um lar de homens adoradores. Os outros dois têm cabelos e olhos escuros, como mamãe e papai. O terceiro é diferente, com olhos azuis e cabelo louro morango. A vovó diz que ele foi feito para ser uma menina. Todos concordam: "Bem, se você tinha de ter um terceiro filho, pelo menos ele é diferente." Não tínhamos idéia, naquela época, de como ele era diferente.
>
> Danny tinha a vantagem de ser o terceiro filho. Quando nasce um terceiro filho, todas as ansiedades implícitas no cuidado e no trato de um bebê normal já haviam sido ultrapassadas. Ninguém entra em pânico quando o bebê chora inesperadamente. Nem há mais um torcer de mãos ao primeiro sinal de um resfriado ou uma evacuação menos normal... apenas um pai ou mãe plácido, frio, indiferente, carregando o bebê em um dos braços, dando a mão direita ao do meio, puxando

o carrinho cheio de brinquedos de areia com a outra e dizendo ao filho mais velho para olhar para os dois lados ao atravessar a rua com a bicicleta. A combinação de uma mãe autoconfiante com o ambiente animado e estimulante fazia este terceiro bebê tão feliz, tão confortável, sem nenhuma das pressões ou tensões que os outros dois tiveram de agüentar. Esses terceiros filhos se cuidam. Será o mais fácil, garantiu o pediatra.

Parto e primeiro ano de vida

O parto de Danny foi normal, sem nenhuma dificuldade notada e seu exame físico antes de sair do hospital foi também normal. A Sra. S. percebeu rapidamente, porém, que ele era diferente das outras crianças — irritável, superativo, incapaz de focalizar. Alimentá-lo era um problema e muitas vezes acompanhado de vômito. O pediatra tratou-o de cólica. Danny também tinha problemas para dormir e, muitas vezes, dormia somente três ou quarto horas de cada vez. Algumas vezes chorava e debatia-se durante trinta minutos a uma hora. Segurá-lo não era suficiente para confortá-lo. Muitos reflexos imaturos também estavam presentes (ver Capítulo 4). A pele de Danny era claramente sensível ao toque e ele tinha um reflexo de pescoço tônico — quando a cabeça era virada, o braço do lado para o qual se virava se elevava.

A Sra. S. relatou que, desde o início, Danny não gostava dela. Quando o segurava, ele chorava; quanto mais ela o ninasse, mais ele chorava. Quando virava a cabeça dele para o bico do seio, ele a empurrava. Ela se sentia inútil, incapaz, furiosa e culpada. Ainda não sabia nada a respeito do sistema nervoso imaturo de Danny, nem compreendia sua aparente hiperatividade e dificuldade de concentração/atenção. Por isso ela se culpava.

> Bem, por que ele chora tanto? Por que ele se debate em meus braços, como se estivesse pedindo para ser deixado na segurança do berço. Por que os ataques sem fim de vômito, antes, durante e depois da comida?
>
> Por que não tem a mesma demonstração de prazer ao ser embalado ou de fazer gracejos como seus irmãos? Por que nenhum "gu", ou balbucio ou risadinhas? Onde estava aquela alegre, relaxada e feliz síndrome de terceiro filho?
>
> Ao terminar o primeiro ano de vida de Danny, tentei rever todas as declarações referentes a uma fácil rotina com um terceiro bebê —

o encanto que eu deveria estar saboreando por meio dele — a idéia daquela espécie de noção "este é o seu último, portanto mime-o bastante". Tudo que eu podia conseguir era uma forte dor na boca do estômago. Por que ele não era engraçadinho para mim? Por que não devolvia o meu amor? Por que não havia o dar-e-receber entre o bebê e qualquer outra pessoa? Seu choro e lamentos constantes, seu descontentamento e desconforto aparentes, convenceram-me de que ele devia ter alguma aflição física. Essa questão, junto com o vomitar persistente, levaram-me a um pediatra que me garantiu que ele estava bem. Eu devia relaxar e aprender a aceitar as coisas. Isso e mais um apoio simpatizante deveriam tranqüilizar-me.

Mas a dor na cabeça, no coração e no estômago persistia. Por que o alívio para mim durante o sono de Danny? Por que o sentimento de imperfeição quando ele estava por perto e o sentimento de solidariedade e inteireza com ele?

Minha conclusão crescente era de que devia haver alguma coisa errada comigo, para resultar nesse conflito de personalidade. Eu estava perplexa com meus sentimentos de culpa em relação a essa criança, porque, se aquela era minha atitude, por que eu não estava me sentindo culpada em relação aos meus outros filhos? Verifiquei, depois, que minha culpa tinha origem em sentimentos ambivalentes em relação a ele — sentimentos de amor e ódio, de simpatia e raiva, de preocupação e medo. A insegurança, que meu relacionamento com ele criou dentro de mim, resultou em sentimento de dúvida sobre minha capacidade como mãe e com relação à minha própria estabilidade emocional, que nunca tinha estado em dúvida.

Minha solidão, enquanto submersa nesses sentimentos, era intensa. Apesar de um bom casamento e um marido amoroso, eu estava só. Muitos desses sentimentos e observações não eram vividos por meu marido, que não ficava com Danny tanto quanto eu — que nunca o havia visto *vis-à-vis* com os amigos da mesma idade e que, em virtude de uma natureza plácida, calma, tinha maior capacidade de aceitar uma mais ampla diversidade de comportamentos. Cada tentativa que eu fazia para que participasse de minhas preocupações era recebida com a garantia de que Danny estava bem — talvez um pouco imaturo, mas bem. A família me lembrava que eu estava mais velha quando o tive — talvez dois filhos tivessem sido suficientes, tudo sendo conseqüência desse fato. Tudo que me restava eram dúvidas, medo e raiva — dirigidos contra mim e contra essa criatura que era a fonte de todos os meus problemas.

Observando o primeiro ano de vida de Danny, assim como o de outros como ele, é difícil constatar exatamente qual o impacto que seus distúrbios de aprendizagem tiveram. Distúrbios de percepção auditiva foram diagnosticados mais tarde. Que efeito tiveram em sua orientação ao som ou em seu relacionamento ou apego à mãe? Que efeito teve seu distúrbio figura-e-fundo auditivo? Danny poderia orientar-se realmente pela voz da mãe? A Sra. S. descreve suas frustrações, confusões e sentimentos ambivalentes no relacionamento em evolução com seu bebê. Seriam os sentimentos de Danny menos perturbados?

Anos um e dois

O desenvolvimento lingüístico de Danny foi retardado. Ainda por cima, ele agora ficava frustrado por sua incapacidade de comunicar suas necessidades. O desenvolvimento de sua coordenação motora grosseira também ficou retardado, resultando num domínio muito lento do sentar, levantar, andar e correr. Permaneceu Hiperativo e altamente Dispersivo. Não superou sua hipersensibilidade e tornou-se defensivo, evitando muito contato corporal. Possivelmente devido a esses distúrbios neurológicos, teve problemas quando se tratava de separação. Ambos os pais achavam extremamente difícil tratar com Danny. Sem informação e sem apoio do pediatra, a Sra. S. continuava a se indagar.

> Com treze meses de idade, foi necessário colocar uma fechadura na porta do quarto, para manter Danny protegido de sua própria fonte de energia dispersiva que era fortemente dirigida para intenções destrutivas. Talvez o ressentimento de ter sido fechado ou uma crescente hiperatividade fosse a causa da extrema devastação que ele provocava em torno de si. O linóleo foi levantado do chão do quarto. Os quadros com suas molduras foram arrancados das paredes, as cortinas foram substituídas porque tinham sido rasgadas. Uma cadeira de balanço foi usada para bater na parede, criando estragos no reboco. Tirantes mantinham-no preso à sua cadeirinha alta e um era usado em seu andador, quando ele era relutantemente afastado da mãe exausta por uma igualmente relutante babá. E todo o tempo eu pensava no que estava errado comigo por ter criado esta criança que eu gostaria de não ter tido.
>
> Quanto mais eu não gostava dele, mais ele se apegava a mim, menos capaz ele estava de me deixar ir, causando cenas horrendas nas minhas saídas, servindo para aumentar minha culpa e autocensura. "Quando

eu saio, ele fica apavorado Então eu não saía. Mas se eu não for, ficarei louca. Então eu vou sair, mas ele vai gritar e eu vou sentir-me péssima. Esse diálogo interno caracterizava cada separação que tínhamos de enfrentar.

Suas constantes corridas incertas resultavam em muitas quedas e machucados, o pior dos quais foi uma colisão do nariz de Danny com a mesa da sala de jantar. Foram necessários pontos de sutura para esse acidente, que foi seguido de muitos outros, escapadas por pouco — tudo resultado de sua hiperatividade e fraca coordenação. Juntamente com isso havia as investidas de Danny a qualquer um que tivesse a coragem de chegar fisicamente perto. Uma vez em que ele estava sentado em meu colo, recebi, num período de cinco minutos, uma porção de pancadas em meu queixo do imprevisível movimento de sua cabeça. Suas contorções frenéticas me tiravam a coragem de segurá-lo ou niná-lo. Pontapés nos joelhos e no estômago, mãozinhas empurrando meu rosto do dele — tantos esforços para me manter longe — tudo levava a uma conclusão. Ele não me ama e eu não o amo e é minha culpa e não é natural e está errado e eu gostaria de não o ter tido e arruinei minha vida para sempre. E, ainda, lá estava ele sentado com seus tristes olhos azuis e seu confuso desamparo. Ele estava infeliz, tal como eu, e eu tinha de descobrir por quê.

Ano três

Os problemas de coordenação motora grosseira de Danny persistiam. Começou a desenvolver a fala, mas muitas vezes parecia entender mal ou responder de maneiras que faziam pouco sentido. Os pais sentiam que seu pensamento era mais concreto que os dos irmãos na mesma idade. Sentia temores de lugares desconhecidos e de novos objetos. Seus problemas de separação continuavam. Embora habituado ao banheiro para as funções intestinais desde os dois anos e meio, molhava a cama à noite (chamada "enurese noturna"). Começou a freqüentar a escola maternal.

Finalmente Danny chegou aos três anos. Uma nova era foi anunciada por sua entrada na escola maternal — descanso para mamãe e alguns amigos (por favor, meu Deus, alguns companheiros de brincadeiras) para Danny. Mas, mais importante, finalmente alguma orientação objetiva de professoras não envolvidas emocionalmente, que viam crianças de três anos durante todo o tempo. Não tinha mais de confiar nas calmas garantias de papai, nas acusações da vovó, nas minhas frenéticas auto-indagações.

Muitos meses se passaram antes que as professoras decidissem que estava na época de confrontar-me com a realidade. Danny não se unia com as outras crianças, disseram. Além disso, era tenso, amedrontado, altamente distraído e, acima de tudo, muito infeliz. Foi com sentimentos mistos que recebi tais notícias. Por um lado, estava perturbada ao ouvir minhas piores suspeitas confirmadas. Por outro lado, estava aliviada ao ouvir que outra pessoa tinha reparado as mesmas coisas — que a minha sanidade e clara visão não precisavam mais ser postas em dúvida. E mais, estava grata pelo senso de propósito e motivação que essa consciência compartilhada me dava.

Nessa época, os pais trouxeram Danny para uma consulta. Durante a avaliação, o pediatra e um neurologista pediátrico, bem como um especialista em educação especial e um terapeuta de fala e linguagem o viram. Fiz as avaliações psiquiátricas da criança e da família. O diagnóstico final foi Disfunção Cerebral Mínima, manifestada por:

1. Distúrbios de aprendizagem específicos (percepção auditiva, seqüência, abstração, memória auditiva, distúrbios de coordenação motora grosseira e de linguagem de demanda)
2. Hiperatividade, Dificuldade de Concentração/Atenção, perseveração residual e defesa tátil residual
3. Problemas emocionais (ansiedade de separação, receios, fraco relacionamento com colegas)
4. Problemas familiares (pais dominados, frustrados e desamparados)

O molhar a cama à noite também foi notado. A equipe considerou que isto era, talvez, outro reflexo de seu imaturo sistema nervoso.

O tratamento seguinte foi recomendado e executado.

1. Terapia de linguagem e educação especial em uma escola maternal para crianças com distúrbios de aprendizagem
2. Tentativa de um psicoestimulante
3. Aconselhamento familiar preventivo, centrado na educação dos pais sobre os distúrbios do filho e de como fornecer ajuda

A medicação, Ritalina, minimizava a Hiperatividade e a dificuldade de atenção. Parava, também, o molhar a cama. Os pais aprenderam a usar estímulo tátil profundo quando seguravam Danny e isto diminuiu sua defensiva. Ele se adaptou ao novo consultório terapêutico e vagarosamente sua linguagem melhorou. O longo processo de terapia educacional especial havia começado.

A Sra. S. descreve a avaliação e seu impacto. A consciência de seus sentimentos e a modificação de seus métodos de controlá-los refletem o aconselhamento.

Foram esses sentimentos que me possibilitaram fazer com que Danny fosse avaliado. Foi examinado por muitos especialistas, cada um parecendo enfocar uma parte de seu problema. No fim, todas as partes se reunindo e pronto — um diagnóstico — alguma coisa a que podíamos nos agarrar — alguma coisa para explicar tudo e, acima de tudo, um meio, um método, uma maneira de ajudar.

O dano neurológico de Danny, disseram-nos, causava problemas de percepção que resultavam em dificuldades de aprendizagem. Sua inquietude, seu desgosto de ser tocado e de tocar, sua infelicidade crônica e sua frustração, tudo podia ser explicado por essa síndrome. A causa disso era desconhecida. Então, quem podia ser culpado? Havia um modo de ajudá-lo... diga-nos, por favor, como? Havia uma maneira de tratá-lo em casa que o faria sentir-se bem e feliz e útil... diga-me, por favor, e eu tentarei. Vai levar tempo, mas ele ficará melhor... ou não??? Que ótimo!

Então, com tudo isso, eu olhei para o meu neurologicamente danificado Danny, levantei meus olhos para o céu e sussurrei: "Obrigado. Não é tão sério quanto eu pensei. Obrigado. Há uma ajuda disponível. Obrigado. Em tempo ele ficará melhor. Obrigado, novamente. Você não é uma mãe louca, indigna de ser amada, desnaturada. Obrigado; obrigado; obrigado!"

Mas, se esse é o caso, por que ninguém me acreditava ou apoiava? Por que eu fiquei nesse estado de ansiedade e medo todos esses anos? Por que não confiaram em mim? Por que não me ouviram? E, mais uma vez, eu estava enraivecida — um estado que se estava tornando uma segunda natureza para mim... descritiva de meu estado de espírito e personalidade.

A raiva se dirigia, então, para dentro, e, como era inútil e sem valor expressá-la, tornei-me triste, deprimida, desamparada. Em resumo, eu tinha pena de mim mesma. Por que isso tinha de acontecer a mim? O que fiz para merecer isso? Como conseguiria encontrar forças para agüentar? Como eu posso ser uma mãe para essa pobre e indefesa criança? Dias de meditação deveriam seguir-se. Fui dominada por um sentimento de tristeza totalmente desgastante. Acusava todos de serem incapazes de entender o que eu estava passando. De certa forma estava tentando dizer: "Olhe como estou ferida. Ninguém quer tomar conta de mim e ver quanto estou precisando?" O único problema com esse comportamento, determinei em breve para mim mesma, era que não conduzia a nada positivo nem útil e, mais ainda, me tornava pouco atraente e egoísta.

Assim que surgiu essa compreensão, amanheceu uma nova era. Auto-indulgência, uma vez completada, preparou o caminho para a convicção de que Danny e eu íamos ficar envolvidos um com o outro por muitos anos e que era melhor eu chegar a um acordo com o problema dele e começar a trabalhar nele com Danny, de modo que ambos pudéssemos ser mais felizes do que éramos. Então, eu me permiti tornar-me informada pelos profissionais, compreendendo os "porquês" e aprendendo os "comos". Com esse conhecimento veio a compreensão e com essa compreensão, a luta, e com essa luta, uma crescente sensitividade em relação às mudanças e aos progressos dele. Isso me encorajou a continuar, com uma coragem renovada e expectativas em relação a Danny baseadas na realidade da situação.

Não havia mais espaço para minha racionalização de autopiedade improdutiva, preocupações e acusações. Verifiquei que os efeitos dessa atitude resultariam em mais problemas. Vamos então reconhecer que temos um problema. Não tenhamos medo de rotulá-lo, explorá-lo, aprender a respeito dele, lidar com ele e aceitá-lo.

Dos três aos doze anos

Embora Danny tenha permanecido em programas de educação especial até a quinta série, já na quarta ele estava em um programa educacional normal, recebendo educação especial e terapia de linguagem uma hora por semana. Manteve-se o Ritalina. Os pais atuaram intimamente com as professoras e com os programas escolares durante todos os anos. Selecionaram cuidadosamente os esportes e as atividades dos colegas que tendessem a aumentar suas habilidades em vez de ampliar seus pontos fracos. Cada ano trouxe sucessos e novos desafios. A Sra. S. refletia sobre essas experiências:

Mas a aceitação defende uma mãe contra sentimentos incômodos? Conseguirá se ajustar à situação e simplesmente continuar sua existência do dia-a-dia, dedicando o menor pensamento ou a mínima preocupação a essa parte de sua vida? A resposta para essa mãe é um retumbante NÃO!

O processo de ajustamento é de arrancos. Nos maus dias dele, eu me sinto mal. De novo se insinua o antigo sentido de medo e pressentimento. Nos dias bons, sinto-me cheia de esperança e talvez um pouquinho excitada com a visão de saúde e cura que tenho superficialmente. Na maioria dos dias, sinto a responsabilidade de um outro dia. Decidi que tentarei iniciar em seus começos — amá-lo, aceitá-lo exatamente onde ele estiver. Verifiquei que devo planejar de acordo com as necessidades dele daquele momento e, com isso, vem a tarefa de ignorar algumas das minhas. Ninguém pode fazer isso sem sentir alguma raiva.

E quanto ao sentimento de privação, quando você vê quão pobremente ele se compara com o grupo de sua idade, e, quando ele se torna mais velho, quão pobremente ele permanece em relação a crianças até mais moças do que ele? E quanto aos sentimentos que você tem quando o vê rejeitado tanto pelas crianças como pelos adultos, porque não se relaciona na forma esperada, de acordo com o normal? E o embaraço pelo qual você passa, quando os problemas dele resultam em um comportamento anti-social em público? Que espécie de desculpas você se obriga a fabricar para aliviar sua consciência? O que você diz à família quando ela lhe assegura que tudo de que ele precisa é de alguma disciplina e que entrará na linha? A interrupção que ele causa no ritmo da vida familiar — a interferência em certos prazeres causa raiva, privação e culpa. E o frio na barriga quando você consegue uma visão de seu mundo interior de confusão e solidão? Como você se sente com isso?

Com todos esses sentimentos surgindo e ressurgindo a cada nova situação, como se pode esperar ficar ajustada? A única resposta que encontrei foi aceitar os sentimentos, viver com eles — não se comprazer com eles, mas não os negar... falar alto sobre eles com você mesma ou com alguém que não tenha medo de ouvi-los. Isso abria caminho para um relacionamento mais forte, mais positivo com Danny.

O modo pelo qual me relaciono com Danny se reflete na maneira pela qual ele se vê. Se eu permito que seus problemas me amedrontem, ele também se amedronta. Dizer-lhe que ele tem valor e é amável e que tenho esperança nele, permite-lhe enfrentar o futuro com esperança e coragem. Isso põe uma grande responsabilidade em mim, mas é a única possibilidade que qualquer um de nós tem para uma vida boa. Se tivermos esperança em Danny, ele terá esperança nele mesmo.

Eu ainda desejo ter tido três filhos perfeitos. Às vezes permito-me essa fantasia de "teria sido formidável". Passei a dar grande valor, nos outros dois, ao que muita gente acha natural. Tenho um grande investimento neles, mas também tenho em Danny. É um investimento imbuído de uma fé implícita que me encorajei em ter nele e em mim. Vai levar muito tempo e vai ser muito difícil, mas tenho esperança de que vai funcionar.

Nota sobre o progresso atual

Quando este livro foi escrito, Danny estava na oitava série. Escolarmente estava indo bem. Seu relacionamento com os colegas era limitado e melhor desenvolvido um de cada vez. Relacionava-se bem com os pais e irmãos mas era descrito como "um pouco reservado" com outros. Continuava a precisar de medicação, mas seu funcionamento psicológico já estava no nível da idade.

terceira parte

Diagnóstico

9

O PROCESSO DE AVALIAÇÃO

Como eu disse anteriormente, a criança ou o adolescente sobre o qual estamos discutindo aqui tem um grupo de problemas muitas vezes encontrados reunidos: distúrbios de aprendizagem, provavelmente; Hiperatividade e/ou Déficit de Concentração/Atenção, possivelmente; e talvez outra evidência de problemas neurológicos. Muitas dessas crianças têm também problemas emocionais, sociais e familiares, devidos às suas frustrações e fracassos na escola, em casa e com os colegas.

Para avaliar completamente essa pessoa, há necessidade de esforço de uma equipe. Esta pode estar trabalhando em um hospital, uma organização de saúde mental ou como parte de um sistema educacional. Seu médico pode fazer parte dessa equipe ou simplesmente ser a pessoa que requer a avaliação. Às vezes, o médico da família coordena a avaliação de uma equipe solicitando diferentes estudos. Se inicia o estudo, o médico deve sintetizar os relatórios completos e revê-los com você.

Freqüentemente, a escola se preocupa e inicia uma avaliação. Idealmente, a equipe escolar de educação especial contata os pais, o médico da família e qualquer outra pessoa que tenha trabalhado com seu filho. Fique alerta, pois você terá de encaminhar positivamente os estudos necessários, depois fazer tudo para se assegurar de que cada pessoa envolvida, o médico da família, a escola, o profissional de saúde mental, se comunique com os outros. Deve-se esperar que todas essas pessoas interajam. Se assim não for, você não tem outra solução senão insistir para que eles se reúnam para formar uma equipe de trabalho.

Espero que já tenhamos abandonado o hábito de que crianças que não aprendem corretamente sejam constantemente deixadas para trás na escola. A repetição de uma série pode ser apropriada para algumas crianças, mas não deveria ser efetivada antes de terem sido feitos estudos suficientes para compreender por que essa criança não está aprendendo. Uma criança com distúrbios de aprendizagem que é mantida para trás, mas que não recebe nenhum auxílio adicional, não pode sair-se melhor numa segunda vez. Não deixe as autoridades de sua escola forçarem seu filho a repetir uma série, a não ser que tenham feito uma avaliação, e que elas saibam por que ele se saiu mal, ou a menos que tenham uma base lógica para essa atitude. Mesmo assim, a escola deverá considerar a aprovação da criança, mas com auxílio especial, em vez de mantê-la para trás.

Agora vamos considerar onde ir para conseguir uma avaliação, quem deve estar envolvido nela, e o que você deve esperar dela. Sugeriria, também, formas de preparar a criança ou o adolescente para uma tal avaliação. No próximo capítulo entraremos em maiores detalhes sobre os tipos de estudos feitos por cada avaliador.

O PROCESSO DE AVALIAÇÃO

Uma avaliação deve ter três partes: o planejamento; o teste, a observação e a entrevista; e a interpretação dos resultados. Primeiro, naturalmente, os pais devem saber quem irá ver o filho deles e por quê. A criança também deve saber por que está sendo avaliada e, em geral, o que acontecerá. Quando começa a fase do planejamento, os membros da equipe devem decidir, juntos, que perguntas precisam ser feitas e quem deve tentar respondê-las. Por exemplo, por que essa criança não está conseguindo dominar a leitura? Ou por que ela é tão distraída? Ou por que se mete em tantas encrencas na escola? Para fazer isso adequadamente, a equipe de avaliação deve saber tanto quanto possível sobre quais os problemas que a criança está tendo.

Durante a fase da avaliação, muitas pessoas diferentes vêem sua criança ou seu adolescente para conduzir estudos formais. Uma pessoa pode observá-la ou observá-lo na escola e/ou obter informações das professoras da sala de aula. Uma outra se encontrará com os pais para recolher informações sobre o passado médico, o desenvolvimento e situação psicossocial, e explorar os problemas correntes. Outros especialistas, que relacionarei dentro em pouco, também testam e observam a criança. Finalmente, as informações e impressões que resultam desses múltiplos estudos devem ser sintetizadas. Uma pessoa pode partilhar essas conclusões e recomendações em uma sessão de interpretação com os pais, ou os diferentes especialistas podem fazer um resumo de suas observações. (Mais tarde descrevo o modo como prefiro conduzir esse processo interpretativo.)

Vários profissionais estão envolvidos na avaliação da equipe. Um *educador especial*, treinado no campo dos distúrbios de aprendizagem, avalia seu filho para determinar se existem distúrbios de aprendizagem e, caso positivo, de que tipos. Essa pessoa também explora as forças de aprendizagem e os caminhos para intervenção nas áreas problemáticas. Esses estudos determinam o nível de desempenho de seu filho em certas áreas de aptidão como a leitura ou a matemática. Se os estudos de educação especial sugerirem dificuldades nas áreas de linguagem auditiva, um *terapeuta de linguagem e fala* pode fazer estudos adicionais para esclarecer as dificuldades e explorar possíveis orientações de tratamento. Se os estudos do educador especial sugerirem que as dificuldades estão nas áreas de coordenação motora grosseira ou fina, um *terapeuta ocupacional* pode fazer estudos posteriores para sugerir tratamento curativo.

Um psicólogo testa e também estuda a criança para esclarecer vários assuntos. A criança ou o adolescente mostra evidência de qualquer problema emocional? Se mostrar, qual é? Qual é seu nível de funcionamento intelectual? Qual é seu comportamento em relação à organização do pensamento e à solução de problemas (muitas vezes referidos como "estilo cognitivo")? Freqüentemente, os resultados desses testes não fornecem uma verdadeira leitura das capacidades de seu filho. Distúrbios de aprendizagem interferem na realização de certos testes e podem dar certos resultados mais baixos. Quando o psicólogo leva isso em consideração, contudo, os resultados dos testes mostram o nível em que seu filho está funcionando no momento e qual pode ser seu potencial.

Algumas vezes, um neuropsicólogo é chamado para participar de uma avaliação. Esse trabalho deve ser feito como parte dos estudos educacionais. Assim como os testes de distúrbios de aprendizagem, os estudos neuropsicológicos tentam identificar e analisar a função cerebral. Os resultados apontam áreas do cérebro que parecem estar funcionais ou disfuncionais e também observam áreas específicas de força ou distúrbio de aprendizagem.

Um *médico* deve fazer um exame físico completo. Em alguns casos, um *neurologista de desenvolvimento* (ou *pediatra*) pode examinar a criança ou o adolescente. Um teste de ondas cerebrais, o eletroencefalograma, ou "EEG", pode ser feito, embora isto não seja usual, a não ser que exista alguma idéia de um problema cerebral. Se for suspeitado um problema de audição, um *audiólogo,* ou um médico especialista em problemas de nariz, ouvido e garganta, um *otorrinolaringologista,* pode ser chamado. Se há suspeita nas áreas de visão ou equilíbrio muscular, por exemplo, um *optometrista* ou um médico especialista em doenças dos olhos, um *oftalmologista,* pode participar.

O profissional em saúde mental que vê a criança pode ser um assistente social, um psicólogo, uma enfermeira psiquiátrica, um psiquiatra geral ou um psiquiatra infantil. Esse especialista avalia o nível do funcionamento psicológico e social da criança e explora, com ela, quaisquer estresses ou conflitos emocionais. Ele pode, ou não, ser o mesmo profissional em saúde mental que se encontrará com os pais ou com toda a família para verificar a história passada e as preocupações do momento.

Idealmente, toda a equipe então se reúne para discutir suas observações, estabelecer um diagnóstico ou impressão clínica e desenvolver um plano de tratamento. Um ou mais membros dessa equipe deve, finalmente, encontrar-se com os pais e mais tarde, provavelmente, com a criança também.

Como pais, vocês devem estar certos de que entenderam todas as observações e devem aceitar bem as recomendações. No mínimo, vocês devem ter respostas claras às seguintes perguntas:

1. Meu filho tem distúrbios de aprendizagem? Caso positivo,
   Quais são seus distúrbios de aprendizagem?
   Quais são suas capacidades de aprendizagem?
   Quanto está atrasado e em que áreas?
   Que planos você tem para ajudar?
2. Meu filho é Hiperativo? Dispersivo? Caso positivo,
   Por que você pensa que ele é?
   Se está pensando em medicação, qual é ela? Quanto?
   O que ela faz? Por quanto tempo? Que efeitos colaterais podem ser esperados?
   (O problema da medicação será discutido em um capítulo diferente)

3. Meu filho tem problemas emocionais ou sociais? Caso positivo, Quais são eles?
   Por que você pensa que eles existem? (Assegure-se de que os profissionais fazem distinção entre problemas emocionais que causam dificuldades escolares e os problemas emocionais que são uma conseqüência das dificuldades escolares.)
   O que você recomenda que façamos a respeito deles?
4. Temos de enfrentar problemas familiares? Caso positivo, Quais são eles?
   O que você sugere que façamos?
   Se ninguém vê um impacto adverso no casal ou nos irmãos e vocês vêem, digam agora e peçam auxílio.
5. Quem coordenará todas essas ações recomendadas? E assegurem-se de que cada um que estiver envolvido se comunicará com os outros.
   Se ninguém for designado, escolham um e perguntem se ele ou ela aceitará a função.
6. Quando nos reuniremos novamente para avaliar o progresso e planejar para o futuro?
   Não fiquem sem uma data determinada ou uma data certa para fixar uma data.

PREPARANDO SUA CRIANÇA OU SEU ADOLESCENTE PARA UMA AVALIAÇÃO

Quando uma avaliação está em pauta, sua criança ou seu adolescente deve saber por que está sendo feita, quem ela ou ele verá e o que vai ser feito. Seja o mais possível honesto e direto. Reconheça que ela ou ele está tendo problemas na escola (e possivelmente em casa), e explique-os tão completamente quanto necessário. Diga ao jovem que ele deve estar frustrado e infeliz. Você, também, se sente frustrado e infeliz. Você quer tentar saber exatamente quais são os problemas e por que eles existem, de tal maneira que alguma coisa possa ser feita para corrigi-los e tornar as coisas melhores. As palavras que você vai escolher para dizer isso dependem da idade de seu filho e do estilo de seu relacionamento com a criança, mas a mensagem não deve variar: nós gostamos de você; você está magoado; temos de fazer alguma coisa para ajudar.

Se possível, faça uma lista das pessoas que a criança verá. Identifique cada uma e o que provavelmente vai fazer. Você deve dizer o seguinte:

Teste educacional — Não é como um teste da escola. Pode não haver respostas certas ou erradas. O teste vai nos ajudar a compreender o que você aprende melhor e onde você tem problemas de aprendizagem. Os resultados vão nos ajudar a planejar um modo de auxiliar você, se tiver problemas de aprendizagem.

Teste psicológico — O psicólogo vai conversar com você e fazer testes. Esses testes nos ajudarão a compreender como você resolve os problemas da vida e de aprendizagem. Sim, um teste QI será feito para nos ajudar a compreender por que você pode estar tendo dificuldade em aprender.

Você pode querer enfatizar para a criança que ninguém está pensando que ela é retardada.

Avaliação de saúde mental — Nenhum teste formal será feito. Uma pessoa simplesmente conversará com você. Ela sabe a respeito das dificuldades de aprendizagem e sobre os receios e problemas que as pessoas que têm tais dificuldades enfrentam.

Você pode dizer também que não está pensando que a criança seja louca. Mas deve ver que ela está frustrada e/ou infeliz e esse especialista pode ajudar a planejar o que fazer a respeito disso. Se o profissional de saúde mental é um médico, psiquiatra geral ou infantil, e seu filho é pequeno, você pode garantir-lhe que, diferente do médico da família, esse não dá injeções.

Testes especiais — Se tiverem de ser feitos testes especiais, estudos de ondas cerebrais, por exemplo, peça à pessoa que os estará aplicando para ajudar a explicar o que vai acontecer e quais os estudos que vão ser feitos.

Nunca surpreenda sua criança ou seu adolescente tapeando-o de que vão ver alguém. O jovem tem o direito de saber o que está se passando e por quê. Se seu filho se recusa a participar em qualquer momento da avaliação, peça ao membro da equipe, ou à pessoa que ele ou ela vai ver, para resolver essa resistência.

DEPOIS DA AVALIAÇÃO

Uma vez que vocês, os pais, compreendem os resultados e as recomendações, devem fazer com que a pessoa que foi avaliada também saiba quais são eles. Se você se julga capaz de dar essas informações, deve tentar. Preferencialmente, porém, um dos profissionais que participaram da avaliação deveria encontrar-se com a criança ou o adolescente, rever os resultados e delinear os planos.

Em alguma época, o resto da família deverá ser totalmente informada. Irmãs e irmãos, e possivelmente avós, tias e tios significativos precisam saber quais foram os resultados e que planos foram feitos, a fim de darem um apoio esclarecido ao tratamento.

Não posso superenfatizar que a avaliação é apenas um começo. Você deve acompanhar cada recomendação para ter certeza de que tudo que foi combinado continua sendo feito. Mesmo quando a escola começar um programa para seu filho, você deve controlá-lo para ver se tudo que foi combinado a respeito está sendo oferecido. É necessário contato freqüente e, normalmente, você deve iniciá-lo.

Você também tem de estar certo/a de que todos os envolvidos no processo do tratamento se comunicam uns com os outros. A professora da classe normal deve saber o que a educadora especial está fazendo. O médico que prescreve a medicação deve receber informações sobre o resultado, de você e da escola. E não se esqueça de falar sobre tudo isso com seu filho. Como estão sentindo que as coisas vão? A opinião deles é, talvez, a mais crítica de todas.

Se as coisas não melhorarem ou forem piores, fale com a professora ou a educadora especial. Quando terminar o ano letivo, peça uma reunião para rever o progresso e fazer planos para o ano seguinte.

Ser um advogado constante não é tarefa fácil. Mas ninguém poderá ser mais motivado e interessado que vocês, os pais. Sua tarefa não é apenas essencial, é inevitável.

10

OS PROCEDIMENTOS DA AVALIAÇÃO

Agora que olhamos o processo da avaliação em geral, gostaria de rever cada parte dele, enfocando tipos particulares de estudos e testes que são feitos. Quanto mais souber sobre essas coisas, você se tornará um consumidor mais inteligente.

A AVALIAÇÃO EDUCACIONAL

O propósito principal da avaliação educacional é identificar, em seu filho, as áreas de maior facilidade de aprendizagem e quaisquer dificuldades ou distúrbios de aprendizagem. O principal objetivo de tal teste é trazer à luz o que pode e o que deve ser feito para intervir nessas áreas de dificuldade e estabelecer um programa escolar especial que possa ajudar a criança a compensá-las e dominá-las.

Os passos dessa avaliação incluem a medida de:

1. Inteligência
2. Níveis de desempenho em áreas de habilitação escolar
3. Capacidades e dificuldades de aprendizagem

Inteligência

A primeira tarefa é avaliar o potencial da criança para aprender. O teste QI que a acompanha pode ser realizado por um educador especial ou por um psicólogo.

Os dois testes de capacidade intelectual mais freqüentemente ministrados são o Stanford-Binet e o de Inteligência de Wechsler.

Este último vem em três unidades diferentes: o Wechsler Pré-Escolar e de Escala Primária de Inteligência, a Escala Wechsler de Inteligência para Crianças e a Escala Wechsler de Inteligência para Adultos. Vários testes seletivos são também usados para determinar quem possa precisar de estudos mais extensivos. Cada um é graduado de modo que um resultado padronizado para a idade da pessoa possa ser determinado.

1. A *Escala de Inteligência Stanford-Binet* é para a idade de dois anos até a fase adulta. Dá ênfase mais às respostas verbais que às não verbais. Assim, se uma criança foi testada pela escala de Stanford-Binet quando pré-escolar, e, muitos anos depois, na escala Wechsler, os dois QI podem não ser comparáveis.
2. *O Wechsler Pré-Escolar e de Escala Primária de Inteligência* é para idades de quatro a seis anos e meio e mede raciocínios verbal e não verbal e habilidades motoras de percepção.
3. *A Escala Wechsler de Inteligência para Criança*s é para idades de seis a dezesseis anos e mede a inteligência em geral. Cinco partes medem habilidades verbais e cinco outras habilidades não verbais ou de execução. Os resultados dessas duas partes são combinados para dar um resultado geral.
4. *A Escala Wechsler de Inteligência para Adultos* testa a inteligência verbal e não verbal de adultos com dezesseis anos ou mais.

Esses testes de avaliação intelectual produzem mais que um resultado de QI. Igualmente importante, os resultados ajudam no processo do diagnóstico. As crianças com distúrbios de aprendizagem se sairão bem nas partes do teste que utilizam suas áreas mais fortes, mas fracamente nas que tocam suas áreas de distúrbios. Quando as diferenças dos resultados do subteste (chamadas "dispersão de subteste") são comparadas com o resto dos resultados da avaliação educacional, o quadro dos distúrbios de aprendizagem e as razões para os fracos desempenhos na sala de aula se tornam mais claros. Para pessoas com distúrbios de aprendizagem, não se pode usar o teste QI isoladamente. Os resultados simplesmente não medem na verdade a inteligência. Os resultados dos subtestes ajudam, porém, a identificar as áreas de dificuldade e a sugerir o potencial intelectual.

A Escala Wechsler de Inteligência para Crianças é usada freqüentemente e os resultados do subteste dão informações tão significativas, que devemos olhar esse teste com mais detalhes.

Ele tem uma parte *verbal* e uma de *desempenho* ou *não-verbal*. Cada parte tem cinco subtestes.

Escala verbal

Teste de informação
Teste de compreensão
Teste de semelhanças
Teste de aritmética
Teste de vocabulário
(Um teste de afastamento entre números também pode ser usado)

Escala de desempenho

Teste de arrumação de figura
Teste de complementação de figura
Teste do bloco de desenho
Teste de arrumação de objetos
Teste de código
(Um teste de labirinto também pode ser usado)

Cada subteste mede uma área diferente do funcionamento intelectual, cada resultado sendo baseado no desempenho normal esperado para uma pessoa de idade semelhante. Cada área de funcionamento e, portanto, cada resultado, pode ser afetado por distúrbios de aprendizagem.

Informação (verbal) — Esse subteste mede a quantidade de conhecimento geral que uma pessoa adquiriu tanto na escola como com experiências de vida na família ou qualquer outro lugar. Crianças com distúrbios de aprendizagem, que se saem mal na escola, podem ter obtido muitas informações gerais fora da escola e fazer bem esse teste.

Compreensão (verbal) — Esse subteste mede o pensamento abstrato e a capacidade da pessoa de compreender conceitos. Pode talvez medir a inteligência básica, separada do conhecimento aprendido.

Semelhanças (verbal) — Esse subteste mede o pensamento abstrato, fazendo perguntas sobre como as coisas são parecidas ou diferentes. Como o da compreensão, tem por finalidade medir a inteligência básica.

Aritmética (verbal) — Esse subteste mede a capacidade de raciocínio numérico de uma pessoa, usando problemas verbais, isto é, problemas sob a forma de histórias escritas em palavras. As crianças que estão abaixo do nível da série em aritmética podem sair-se mal.

Vocabulário (verbal) — Esse subteste exige que a criança defina ou explique as palavras apresentadas. Mede a reação geral às palavras, assim como as palavras aprendidas na escola.

Complementação de figura (desempenho) — Esse teste requer a capacidade de analisar uma figura e identificar o que está faltando. A criança tem de encontrar a parte que está faltando e colocá-la na figura.

Teste de arrumação de figura (desempenho) — Esse teste exige a capacidade de perceber indícios que sugiram uma seqüência necessária de eventos. As figuras devem ser colocadas juntas para contar uma história coerente.

Bloco de desenho (desempenho) — Com um conjunto de blocos disponível, a criança deve ver uma figura de um desenho e, depois, colocar os blocos juntos para fazer aquele desenho. A criança deve analisar toda a figura complexa, depois dividir o padrão em partes a fim de saber que bloco vai para onde.

Arrumação de objetos (desempenho) — Esse subteste apresenta as partes de um objeto (por exemplo, uma pessoa) que a criança deve colocar juntas. Isso exige capacidades opostas às necessárias para a complementação da figura ou dos blocos de desenho. Aqui as partes devem ser analisadas e colocadas em um conjunto.

Código (desempenho) — Dá-se um código (por exemplo, 2 = *), e, depois, uma seqüência. A criança deve usar o código para decodificar a seqüência. Por exemplo, pode-se listar o alfabeto, de A a Z. Em seguida a cada letra há um símbolo. Então, escreve-se uma mensagem usando os símbolos. Essa mensagem deve ser decodificada usando o código dado.

Cada subteste exige diferentes capacidades e aptidões. Alguns exigem habilidades auditivas; outros, verbais. Alguns necessitam de conhecimento básico; outros, conhecimento adquirido. Esse conhecimento adquirido pode ter sido aprendido na escola ou fora dela. Alguns subtestes exigem memória de curto prazo, integração ou abstração. Outros requerem linguagem, habilidades viso-motoras, habilidades em coordenação motora grosseira ou fina.

Crianças com distúrbios de aprendizagem podem sair-se bem nos subtestes onde seus problemas não interferiram, e suas notas nessas áreas podem sugerir seu potencial intelectual. Normalmente não se saem bem nos subtestes que exigem desempenho em sua área de distúrbios. Essas notas talvez reflitam melhor como a criança está se apresentando na sala de aula.

Por exemplo, suponhamos que Tom, com doze anos, tenha boa percepção auditiva, seqüência auditiva, abstração auditiva, memória auditiva e habilidades de linguagem. Mas também tem distúrbios de percepção visual, de seqüência visual, de coordenação motora fina e coordenação viso-motora. Ele esteve em turmas de educação especial. Seu teste de Escala Wechsler de Inteligência para Crianças foi o seguinte:

QI verbal 128
QI de desempenho 88
QI da escala total 108

Dizer que Tom tem uma inteligência média (QI 108) é enganador e incorreto. O que se pode dizer, talvez, é que ele mostra uma evidência de inteligência superior, baseada em resultados de testes onde ele não tem distúrbios (verbais). Ele é brilhante, mas frustrado na escola por causa de seus distúrbios. Na maioria dos esforços escolares que exigem habilidades visuais e motoras, ele provavelmente desempenha em um nível abaixo da média.

Vamos ver os resultados do teste de Tom para ilustrar como entender as notas. Os números são suas notas no subteste. Foi tomada a média e convertida, usando-se uma tabela padrão, para determinar uma nota para o QI.

TESTE E NOTAS		POSSÍVEL SIGNIFICADO
Testes verbais		Estes estão nas áreas mais fortes de seu aprendizado.
Informação	14	Sugere uma criança de inteligência superior que está aprendendo através de experiências, na escola e na vida em geral.
Semelhanças	15	Sugere uma criança de inteligência superior, com bom raciocínio e habilidades de abstração.
Aritmética	9	Sugere que o nível de matemática aprendida nos programas de educação especial não ficou dentro da expectativa do nível de sexta série.
Vocabulário	17	Sugere uma criança de inteligência superior, que está aprendendo atra-

		vés de experiências, na escola e na vida em geral.
Compreensão	13	Sugere uma criança de inteligência média alta a superior.

Seu QI verbal é 128, no nível superior. Mas, observe que sua nota mais baixa, em matemática (devida às classes de educação especial), quando entra na média com as outras, abaixa a nota de seu QI.

TESTE E NOTAS		POSSÍVEL SIGNIFICADO
Testes de desempenho		Estes são das áreas de fraca aprendizagem.
Complementação de figuras	8	Provavelmente sua percepção visual e os problemas viso-motores interferiram nessa tarefa. Sua nota está no nível abaixo da média.
Arrumação de figura	10	Esta é uma nota média; mas, para um menino de sua habilidade, deve ser encarada como subdesempenho. Provavelmente sua percepção visual e problemas de seqüência interferiram.
Bloco de desenho	7	Esta nota, abaixo da média, na linha limite, possivelmente reflete seus problemas de percepção visual, memória visual e de coordenação viso-motora, além de sua ansiedade nos testes de tempo marcado.
Arrumação de objetos	10	É uma nota média, mas um subdesempenho para ele. Os mesmos distúrbios de aprendizagem provavelmente interferiram.
Código	3	A ansiedade, além da percepção visual, da memória visual e das tarefas de coordenação viso-motora resultam numa nota do nível de retardado.

Seu QI de desempenho indica 88, o nível de média-baixa. Talvez essa nota reflita seu nível de desempenho na sala de aula, em testes escritos e com tempo fixado. De modo nenhum reflete seu nível de inteligência.

O QI da escala total marca 108, média. De modo algum isso realmente reflete sua inteligência.

Essas notas sugerem um menino de capacidade intelectual superior, que tem distúrbios de aprendizagem, que interferem em certos testes de desempenho, resultando notas mais baixas em alguns subtestes. Essas notas mais baixas sugerem os tipos de problemas que ele pode ter na escola. A diferença entre sua capacidade e o desempenho escolar explica as frustrações e a fraca auto-imagem.

Nunca permita que alguém apenas lhe dê uma nota de QI. Você deve olhar todo o teste e as notas de cada parte. Dizer que Tom tem uma inteligência média (QI 108) teria sido inexato. Para a escola, designar um programa apropriado para ele, baseado no QI médio, em vez de se basear no seu QI potencial superior, teria sido igualmente errado. Só um completo entendimento de todos os resultados dos testes e seu significado pode conduzir a uma interpretação de um programa e um planejamento de programa apropriado.

Níveis de realização

Uma vez determinado o QI e conhecido o potencial intelectual, é necessário comparar isso com o verdadeiro desempenho. Testes de realização padronizados são aplicados por pessoa de formação especializada para medir onde a criança ou o adolescente está executando, em diferentes áreas de habilitação. Os resultados podem ser apresentados seja em termos de nível de grau de desempenho, ou em termos de nível de percentil para aquela idade — isto é, como o desempenho de seu filho deve ser comparado ao de todas as outras crianças em sua série ou com as de sua idade.

Há vários testes destes, entre os quais os mais comumente usados são:

Testes Metropolitanos de Realização — Usados da primeira até à oitava série, esses testes são ministrados a um grupo de crianças ao mesmo tempo. Avaliam níveis de realização em um amplo alcance de habilidade de linguagem e aritmética.

Teste de Realização Individual de Peabody — Esse teste é usado para idades de cinco anos à adulta, para medir a realização escolar geral na leitura mecânica e compreensão, ortografia, matemática e conhecimento geral.

Testes de Diagnóstico de Realização de Stanford — Usados durante todo o primeiro e segundo graus, para avaliar as habilidades em matemática e leitura, esses testes também fornecem objetivos e sugestões instrutivos para o ensino.

Testes de Realização de Grande Alcance — Usados do jardim de infância à faculdade, esses testes cobrem leitura oral, ortografia e cálculo aritmético. As notas são dadas para cada nível de série, para cada habilidade.

Bateria Psicoeducacional de Woodcock-Johnson, Testes de Interesse e Realização Escolar. Usados desde a época pré-escolar até o nível adulto para medir a realização em leitura, matemática, linguagem escrita e conhecimentos gerais, esses testes também avaliam o nível de desempenho escolar e não escolar.

Testes de realização específicos relacionados com a leitura podem ser usados. Os resultados desses testes podem ser expressos em um equivalente de série ou uma gradação percentil. Tais testes são também usados para avaliar habilidades e dificuldades, a fim de planejar uma instrução de tratamento. Alguns desses testes são:

Análise de Dificuldade de Leitura de Durrell — Usado para os que não podem ler até o nível da sexta série, esse teste inclui leitura oral e silenciosa e compreensão oral, bem como reconhecimento de palavras, análise de palavra e testes suplementares de habilidade visual e auditiva, necessários à leitura.

Testes de leitura Gates-MacGinitie — Usados para indivíduos ou para um grupo, e até o fim do segundo grau, medem vocabulário e compreensão.

Teste Diagnóstico de Leitura Gates-McKillop — Mede capacidade de leitura, inclusive vocabulário visual, relacionamentos fonéticos orais, parágrafos (isto é, leitura em voz alta), e ortografia para leitores e não leitores.

Teste de Leitura Oral de Gray — Embora meça fluência de leitura oral, baseada na velocidade e precisão, esse teste não mede compreensão.

Outros testes especiais cobrem ortografia e linguagem escrita, aritmética e linguagem oral.

Capacidades e Distúrbios de Aprendizagem

Se existir uma discrepância entre a capacidade intelectual de uma pessoa e seu nível de desempenho, deve-se verificar por quê. Vários testes, com grande base, avaliam todos os aspectos de aprendizagem, observando as habilidades de entrada, integração, memória e saída que discuti anteriormente. Alguns desses testes são:
Testes de Aptidão de Leitura de Detroit
Testes de Habilidades Psicolingüísticas de Illinois
Escalas de Habilidades de Crianças de McCarthy
Testes de Seleção de Slingerland para Identificação de Crianças com Distúrbios de Linguagem Específicos

Se os testes gerais revelam áreas de distúrbios, devem também ser ministrados testes especiais que abordem esses distúrbios — percepção auditiva, percepção visual, integração viso-motora, memória, linguagem e desenvolvimento motor. Além disso, um terapeuta de fala e linguagem ou um ocupacional pode participar na expansão da avaliação educacional.

A avaliação completa deve indicar claramente as áreas de distúrbio de aprendizagem, bem como as de habilidade de aprendizagem. Deve conter recomendações para um programa escolar, inclusive o tipo de colocação necessária e sugestões para a devida intervenção educacional. Também devem ser identificadas estratégias para ampliar a aprendizagem.

A AVALIAÇÃO PSIQUIÁTRICA

A avaliação psiquiátrica aborda o funcionamento em diferentes níveis, e os relacionamentos entre eles. A *avaliação intrapsíquica* anota as ocorrências ou conflitos que a criança ou o adolescente vem enfrentando diariamente e as técnicas de combate que ela ou ele deve utilizar para lidar com eles. O psiquiatra observa também se esses comportamentos são apropriados para a idade ou não.

A *avaliação interpessoal* indica o estilo de interação da criança com os pais, outros adultos, irmãos e colegas.

A *avaliação comportamental* tenta esclarecer quais os comportamentos em que a criança está persistindo porque se tornaram padrões aprendidos de comportamento, por meio de recompensas selecionadas (reforços) ou castigos ministrados por pais ou outras pessoas.

A *avaliação de sistemas* enfoca os papéis da criança na família, assim como em outros sistemas — na escola ou na vizinhança, por exemplo. O psiquiatra identifica como os papéis que a criança desempenha em um sistema influenciam ou interagem nos que ele desempenha em outros. Os comportamentos observados são um reflexo do estresse familiar ou a causa que contribui para o estresse familiar?

O trabalho de avaliação pode realizar-se em um consultório profissional de saúde mental, com a criança, os pais e ou a família. Se não for possível a observação direta da experiência escolar, relatórios de professoras devem ser examinados e levados em consideração.

Se, ao fim da avaliação, o psiquiatra conclui que as dificuldades emocionais, sociais ou familiares da criança ou refletem ou são causadas por seus distúrbios de aprendizagem, uma estratégia de tratamento deve ser sugerida. Se os problemas são devidos a frustrações, fracassos e estresse escolares, nenhum tratamento deve ser iniciado antes que as estratégias educacionais curativas estejam em execução. Então, se os comportamentos problemáticos da criança persistem, uma ajuda terapêutica pode começar.

Esses problemas emocionais, sociais e familiares podem ter começado como uma conseqüência de distúrbios de aprendizagem. Se, agora, eles parecem tão imbuídos que têm uma vida própria, o clínico pode recomendar terapia individual, de grupo, comportamental ou familiar, ou alguma combinação delas. Cuido desses tratamentos com mais detalhes no Capítulo 13.

A AVALIAÇÃO MÉDICA

O médico da família deve certificar-se de que a criança não tem problemas físicos. Outros profissionais a examinarão se forem suspeitadas dificuldades com quaisquer desequilíbrios de audição, visão ou músculo do olho. Pode ser pedida uma avaliação neurológica por causa de alguma preocupação com o comportamento da criança ou se a escola solicitar.

Se a história ou os dados da observação sugerirem que tenha ocorrido uma perturbação cerebral, é feito um eletroencefalograma

(EEG). Vários tipos de perturbação são possíveis. Crises convulsivas tipo *grande mal* (geralmente chamadas de "epilepsia") são caracterizadas por grandes convulsões, com espasmos intermitentes de todos os músculos do corpo, seguidos por sacudidelas desses músculos. Depois da crise, a criança fica dormindo ou letárgica. Quando acorda, está confusa, desorientada e não tem lembrança do evento. Durante uma crise de grande mal, algumas pessoas perdem o controle da bexiga ou dos intestinos. Muitas relatam uma breve experiência sensorial, ou "aura", antes do ataque. Crises de pequeno mal são breves, com perda de consciência momentânea, muitas vezes associadas a movimentos de contração simétricos das pálpebras ou de alguma outra parte do corpo. Algumas vezes não ocorre nenhuma atividade muscular, apenas a breve perda de consciência. Uma vez terminado o episódio, a criança está alerta e não tem perda de memória, exceto do curto espaço do ataque. Crises psicomotoras são acompanhadas por ataques de uma grande variedade de comportamentos confusos. Podem ocorrer ações explosivas, agressivas. A vítima fica confusa e desorientada depois do episódio. Ou a criança pode ter uma *crise focal*, que é caracterizada por convulsões restritas a um único membro ou grupo muscular, ou a um tipo específico de perturbação sensorial.

Seja qual for a perturbação, o EEG deverá detectar o problema e dar uma valiosa informação diagnóstica.

DEPOIS DA AVALIAÇÃO: UMA NOTA FINAL

Novamente, deixem-me enfatizar que vocês devem aprender tudo que puderem a respeito da avaliação. E devem partilhar esses fatos com o filho ou a filha que está fazendo os testes, assim como com o resto da família.

Um comentário final. Depois que vocês conversaram com a pessoa que está coordenando a avaliação, *peçam cópias de cada relatório, assim como um resumo da avaliação total.* Leiam todos esses relatórios e estejam certos de que entenderam o que eles dizem. Se não entenderam alguma coisa, sejam claros e façam perguntas.

Mantenham um arquivo de todas as avaliações que forem feitas. Serão úteis no futuro quando reavaliações possam ser necessárias.

quarta parte

Tratamento

11

SEU PAPEL NO TRATAMENTO DOS DISTÚRBIOS DE APRENDIZAGEM

Em nenhuma situação, a compreensão total de seu filho, em seu ambiente total, é mais importante do que quando você está lidando com distúrbios de aprendizagem. Tal como venho repetindo sempre e sempre, estes não interferem apenas na leitura, na grafia e na aritmética; interferem em todos os aspectos da vida — em casa, na vizinhança, na igreja e nas classes religiosas, nos esportes, nos clubes e em outras atividades organizadas — em resumo, por toda a parte. Onde seu filho for, você deve ser um advogado para aproveitar ao máximo suas potencialidades. Você deve procurar fazer com que seu filho tenha o máximo possível de experiências positivas. Como você pode explorar as capacidades dele e minimizar suas fraquezas? Quem pode trabalhar com você na escola, em casa e fora de casa?

Para começar, você sabe quais são os distúrbios de aprendizagem de sua criança ou seu adolescente e quais são suas habilidades de aprendizagem? Caso negativo, peça para se encontrar com a equipe de educação especial de sua escola ou, se as avaliações não foram feitas na escola, com o educador especial que realizou os testes. Você deve voltar a ler o material que incluímos nos capítulos sobre distúrbios de aprendizagem específicos e sobre a avaliação e quaisquer notas que tenha tomado sobre a avaliação de seu filho. Então vá à escola e comece a perguntar sobre detalhes e quaisquer relatórios de progressos.

Como seu filho passa tanto tempo na escola, e como lá é onde normalmente os programas de educação especial são realizados, abordarei primeiro o tratamento de distúrbios de aprendizagem no ambiente escolar.

O AMBIENTE ESCOLAR

Idealmente, a escola está tão preocupada quanto você no desenvolvimento do auxílio necessário e no programa apropriado para seu filho. Se não estiver, você precisa pressionar para o que é necessário. (Discuto como ser esse "advogado" mais detalhadamente no Capítulo 15, sobre os assuntos legais.)

Dependendo das disponibilidades da escola, orçamento e modo de encarar o problema, seu filho será colocado numa sala de aula de educação especial, ou em uma sala de recursos especiais durante uma parte do dia. Se a criança ficar na sala de aula normal, receberá também um apoio suplementar de educação especial. Seja qual for o programa, você deve verificar o que está sendo realizado e se a professora da sala de aula especial ou a de recursos especiais ou o orientador está perfeitamente treinado em educação especial.

Procura de um programa escolar adequado

Se a escola não fornece tais recursos, ou se você não consegue da escola o que precisa, talvez tenha de providenciar um auxílio suplementar para sua criança ou seu adolescente, contratando um orientador particular de educação especial, para uma ou várias sessões por semana. Se você fizer arranjos como este, é absolutamente essencial que esse orientador se comunique com as professoras das salas de aula da criança. Se a orientação suplementar não for suficiente para resolver o problema, você tem de recorrer à colocação em uma escola particular.

Muitas cidades têm escolas particulares de educação especial que são dirigidas e programadas especialmente para crianças e adolescentes com distúrbios de aprendizagem. Em alguns estados, se a escola pública não pode efetuar um programa apropriado, o distrito escolar enviará seu filho para uma escola particular de educação especial que tenha as disponibilidades e serviços de que a criança necessita. O departamento de educação especial de sua escola pode dar-lhe uma lista dos programas particulares existentes em sua área. Você também pode solicitar endereços de tais escolas ao:

1. Diretor para Crianças Excepcionais
Porter Sargent Publishers, Inc.

Il Beacon Street
Boston, Massachusetts 02108

2. Diretor de Disponibilidades e Serviços para os que Têm Distúrbios de Aprendizagem
Academic Therapy Publication
20 Commercial Boulevard
Novato, California 94947

Lembre-se de que não há nenhuma mágica em uma escola particular. E nenhuma a realizará. Uma escola particular que realiza educação geral pode se tornar causa de mais estresse para a criança que a escola pública. Você pode encontrar classes menores e mais estrutura, mas, com isso, pode vir uma ênfase excessiva em notas e preparação para a faculdade, e, daí, muita competição entre os estudantes.

Uma escola que seja destinada e orientada exclusivamente para trabalhar com pessoas que tenham distúrbios de aprendizagem é provavelmente o que você quer. Veja o que está conseguindo. Fale com os pais das crianças da escola particular sobre as exigências escolares, quantidade de horas de tarefas domésticas e flexibilidade. Peça a outros pais de crianças com distúrbios de aprendizagem conselhos sobre o que fazer e o que não fazer, e pese suas experiências quando fizer sua escolha. (Você pode encontrar tais pessoas através da seção local da Associação para Crianças com Distúrbios de Aprendizagem — ver o endereço no Apêndice.)

Se você verificar que não pode encontrar o auxílio adequado de educação especial em lugar algum, tem de considerar a hipótese de um internato. Para mim, esta deve ser a última escolha, e você deve considerá-la só se for absolutamente necessária. Os internatos podem ser excelentes, e alguns têm programas especiais para os que têm distúrbios de aprendizagem. Mas, se seu filho tiver de viver longe de casa, você deve levar em conta a perda de segurança e de força que a família dá, contra o que a criança poderá ganhar com os programas de tal lugar.

Ainda mais, se você não consegue encontrar quaisquer programas locais de ajuda em relação aos distúrbios de aprendizagem, ou se o comportamento de seu filho na escola ou em casa é tão problemático que você tenha de optar por um internato ou um centro de tratamento residencial, procure o melhor auxílio que puder para selecionar um que vá realmente trabalhar bem pelo seu filho.

Três níveis de programas

Três tipos de programas estão geralmente disponíveis nas escolas públicas ou nas particulares de educação especial. O que você escolher dependerá do grau dos distúrbios de seu filho, de seu nível de desempenho escolar, da disponibilidade de programas e, naturalmente, do conselho dos especialistas que cuidam de seu filho.

O melhor programa oferece aquilo que a criança precisa em termos escolares e de comportamento, no *ambiente menos restritivo* possível. Este julgamento tem de ser feito para cada criança individualmente. O ambiente menos restritivo não é, necessariamente, o programa mais próximo de um regular. Para algumas crianças e adolescentes, o ambiente menos restritivo que realizará o trabalho poderá ser o ambiente mais restritivo disponível. Por exemplo, uma criança com múltiplos distúrbios de aprendizagem, que está vários anos atrasada em capacidades básicas, pode sentir-se mais relaxada e segura em uma sala de aula de educação especial pequena, independente. A liberdade e o tumulto de uma sala de aula normal podem dominar de tal forma a criança que seu desenvolvimento será completamente inibido.

Se seu filho pode suportá-lo, poderia freqüentar um programa de sala de aula normal com meia a uma hora de auxílio de educação especial suplementar. Este é o *primeiro* ou *o nível mais leve.* Com um programa desses para cumprir, o pessoal de educação especial deve comunicar-se ativamente com as professoras de sala de aula. Fiquei surpreso ao verificar o número de vezes que a professora de sala de aula não tinha idéia alguma sobre o que se faz no acompanhamento suplementar. Pode até continuar a esperar demais ou punir a criança por causa de seus distúrbios de aprendizagem. Veja o que está acontecendo, conversando com ambas as professoras. Se não estiverem se comunicando, marque um encontro.

Outra preocupação é que você acompanhe o programa cuidadosamente. As escolas podem prometer mundos e fundos. E, evidentemente, uma hora por dia vale mais que meia hora ou até menos. Não deixe que isto aconteça sem seu conhecimento e aceitação. Pergunte ao seu filho, de vez em quando, quantas vezes ele vê a professora de auxílio especial e durante quanto tempo. Se o tempo for menor que o prometido, pergunte e verifique o que está acontecendo e por quê.

No programa do *segundo nível* de intensidade, a criança, ou o adolescente, é designada basicamente para uma sala de recursos especiais, dirigida por educadores especiais com programas de aulas normais durante a maior parte do dia que ele puder agüentar. Inicialmente, isto pode ser apenas ginástica, música ou arte. Mais tarde, pode incluir inglês, ciências ou matemática. Da mesma forma que o modelo de auxílio suplementar, é fundamental que os educadores da sala de recursos especiais se comuniquem com as professoras das classes normais. Seu papel em ver que isto aconteça é também muito importante.

Se for necessário um *programa de terceiro nível* ainda mais intenso, seu filho pode ser designado para uma sala de aula de auto-suficiência durante tempo integral. Um programa desses é organizado e dirigido exclusivamente para crianças e adolescentes com distúrbios de linguagem. As classes geralmente não têm mais de oito a doze estudantes e são dirigidas por uma professora de educação especial diplomada e por uma ajudante.

Seja qual for o programa a que a criança ou o adolescente se submeterão, lembre-se de que, não importando quanto a escola seja sincera e cooperadora, suas preocupações serão sempre maiores. Mantenha-se informada. Acompanhe o que é feito. Não fique com medo de perguntar se a professora é treinada e diplomada em educação especial. Se a escola não planeja reuniões ocasionais para apresentar relatórios de progressos, requisite um e, depois, outros a intervalos razoáveis. Se não ouviu na escola, no princípio do ano letivo, o novo planejamento, vá e peça uma reunião.

A professora da classe normal

Se seu filho está em uma classe normal durante todo ou parte do dia, o que você deve esperar da professora? Deve, pelo menos, ser conhecedora do padrão específico dos distúrbios e capacidades de aprendizagem da criança. A professora pode não ter o tempo e o treinamento para oferecer terapia. Os educadores especiais podem executá-la. Mas a professora da classe só pode agir com seu filho utilizando suas capacidades, compreendendo e compensando seus pontos fracos.

Se uma criança tem uma perna deformada de nascença, nenhuma professora pode esperar que ela corra no recreio como as outras.

Se é cega, não lhe vai entregar um trecho impresso para que leia. Se é surda, não lhe vai pedir que pronuncie uma palavra. Mas uma criança com distúrbios de aprendizagem tem desvantagens invisíveis, difíceis de perceber e, portanto, fáceis de esquecer. A não ser que a professora da classe esteja constantemente atenta a elas, pode, perfeitamente, fazer também pedidos impossíveis.

Da mesma forma, a professora da classe, sensível e bem-informada, pode fazer muito para ajudar seu filho. Se ela sabe que a criança tem problemas de percepção auditiva, por exemplo, pode tentar uma orientação multissensorial. Enquanto estiver ajudando com a acústica, pode ser usada uma orientação que requeira atividades visuais e táteis juntamente com entradas sonoras. Se uma criança tem problemas de coordenação viso-motora ou fina, pode não ter de escrever uma resposta no quadro-negro, mas responder verbalmente à pergunta. Se uma criança tem um distúrbio de linguagem de demanda, a professora deve chamá-la apenas se ela se apresentar voluntariamente ou se iniciar a conversação, mas nunca deve pedir que a criança responda inesperadamente. Essa criança, contudo, poderia escrever uma resposta no quadro-negro.

Se uma criança tem distúrbios de linguagem escrita, a escola poderá introduzir a datilografia (uma habilidade de coordenação motora grosseira) ou permitir o uso da gravação em fita. Enquanto as outras estiverem escrevendo seus deveres em aula ou em casa, essa criança poderá falar para um gravador. Se a criança realmente escrever um exercício, deve-se dar ênfase ao conteúdo, não à ortografia ou à caligrafia, e a professora deve dar-lhe mais tempo para completá-lo.

Ao planejar atividades para a hora do almoço ou do recreio, o conhecimento das capacidades e dos distúrbios da criança permite que a professora organize situações e sugira atividades que a criança possa desempenhar e, espera-se, seja bem-sucedida.

A classe normal pode ser um local de aprendizagem onde a criança pode ser bem-sucedida, construir uma auto-imagem positiva e sentir-se bem consigo mesma. Ou pode ser um lugar negativo onde a criança experimenta frustrações e fracasso, muitas vezes conduzindo a um comportamento negativo. Para obter experiências positivas, a professora deve saber com quem ela está lidando e deve fazer esse esforço criativo excepcional.

Dever de casa

E sobre o dever de casa? Quem é responsável por ele?

Se você estiver ensinando ao seu filho como fazer o dever de casa ou fazendo, você mesma, porque a criança não sabe como e "tem de ser feito", ou se seu filho pode se lamentar e chorar, chantageando-a para fazer o dever, alguma coisa está errada. Se você se encontrar em situações como essas, peça uma reunião e discuta os problemas.

Todos os jovens precisam de ajuda, de vez em quando, com seus deveres de casa. Os que têm distúrbios de aprendizagem podem precisar de uma assistência especial. Creio, porém, que a principal função dos pais é auxiliar seus filhos a se sentirem bem consigo mesmos. Isto significa ajudá-los a construir uma boa auto-imagem, encorajar seus sentimentos de aceitação, fazer com que se sintam amados. Para algumas crianças e alguns adolescentes, poder fazer seus deveres de casa com os pais é uma experiência positiva e desejada. Alguns, porém, tiram vantagem da situação e isso, então, destrói a auto-estima da criança. Outros não gostam de mostrar suas fraquezas ou revelar seus problemas e repelem o auxílio, dizendo que não têm deveres de casa. Se você estiver pensando nesse problema, deve falar com as professoras de seu filho ou com ele mesmo sobre isto. Deixe que a professora a oriente a verificar que auxílio será necessário. Não deixe seu filho intimidá-la ou ficar resmungando para que faça o dever de casa dele.

Algumas vezes ouço pais se queixarem de que uma criança trabalhou durante duas ou três horas num dever de casa que a professora disse apenas precisar de quinze minutos. Se você estiver diante dessa discrepância, discuta o problema com a professora. A pouca habilidade da criança de escrever está tornando a tarefa difícil demais? A criança entende o exercício? São necessárias modificações na duração do exercício ou na expectativa geral da professora?

Você pode fazer muitas coisas para ajudar no processo de realizar o dever de casa ou na preparação para a escola que não significam sentar e fazer o trabalho da criança.

1. Ajude a criança ou o adolescente a organizar o material para a escola. O jovem pode estar colocando exercícios de inglês na pasta de matemática ou o dever de hoje junto com papéis já devolvidos pela professora. Organize um sistema com seu filho e peça à professora para ajudar.

2. Alguns jovens têm dificuldade com cadeados. Perdem a chave ou esquecem as combinações. Ou perdem qualquer coisa que estejam carregando. Talvez seja melhor levar tudo em uma grande bolsa de ginástica ou mochila. Arranje uma com compartimentos, de modo que tudo possa ser organizado mais facilmente.
3. Assegure-se de que a criança entende as instruções do dever de casa. Problemas de memória, má grafia ou Déficit de Atenção podem resultar em uma idéia incompleta ou incorreta do que tem de ser feito em casa. O jovem pode encobrir isso dizendo que não há dever de casa ou pode fazer apenas parte da tarefa, porque não entendeu todo o exercício. Suponha que a professora tenha posto uma lista de soletração ou um exercício para casa no quadro. Se a criança copia errado, ele será feito errado. Converse com cada professora para saber se seu filho compreendeu o exercício e o fez correto ao final da aula. Se o exercício está escrito no quadro, pergunte se é possível dá-lo a seu filho em um pedaço de papel para que ele o traga para casa.
4. Se você julgar que está sendo dado muito trabalho para casa, procure a professora ou a equipe de professores. Discuta sobre o que você acha que seu filho pode fazer. Organize um plano antes que o excesso venha a frustrar a criança e a perturbe completamente.
5. A Distração pode interferir em uma concentração bem-sucedida para os exercícios de casa. Procure achar um lugar quieto, sem confusão, com poucas distrações. Algumas crianças consideram a música como um fundo favorável, porque bloqueia outras distrações.
6. Você pode achar que seja bom estabelecer uma determinada hora cada dia ou nos fins de semana para fazer o trabalho de casa. Com crianças mais velhas talvez seja melhor dar-lhes menos estrutura e mais controle de seu próprio tempo. "Você pode fazer seu dever de casa a qualquer hora depois que voltar para casa, mas não pode ver TV antes de acabá-lo."
7. Na hora de dormir, você pode ajudar seu filho a se preparar para o dia seguinte. Todos os livros e papéis necessários estão na pasta? Verifique a sacola de ginástica, roupas especiais, dinheiro para a merenda, qualquer coisa fora da rotina para um projeto especial. Tal planejamento diminui a confusão da manhã e ajuda a se assegurar de que nada foi esquecido.

Se seu filho parece ter pouco ou nenhum exercício para casa, quando as professoras se queixam de que ele não entrega os deveres ou vem para a aula despreparado, peça uma reunião com as professoras *e* com seu filho. Tente organizar um plano. A professora pode enviar uma lista dos deveres para casa todos os dias. Antes da hora de deitar, verifique a lista para ver se tudo foi feito. Ou você pode pedir à escola para auxiliá-la a fazer um acordo sobre o problema. Se o trabalho não tiver sido feito, a criança perde o recreio ou a merenda ou fica depois da hora. Não se coloque no papel de policial em casa, se isso se tornar uma luta constante todas as noites. Peça à escola para cooperar na responsabilidade de acompanhar os exercícios do dever de casa.

O AMBIENTE FAMILIAR

Você quer ajudar todos os seus filhos a crescer com uma auto-imagem positiva e com confiança. Isso é bastante difícil de fazer, mas exige um esforço ainda maior se seu filho tem distúrbios de aprendizagem. Não dispense essa criança de trabalhos caseiros, embora isso seja o caminho mais fácil. Padrões diferentes para essa criança e para as outras na família transmitem a mensagem não verbal de que você pensa que a criança com distúrbios de aprendizagem é incapaz. Aumentando seu conhecimento sobre o que a criança pode ou não fazer, tente selecionar tarefas e atividades em que ela, muito provavelmente, conseguirá ser bem-sucedida. Esse sucesso dá confiança e, com essa confiança, vem uma aceitação social cada vez maior.

Vamos discutir, em primeiro lugar, o lar, depois a vizinhança, os clubes e outras atividades. Não lhes posso dar um programa pré-fabricado, mas posso sugerir uma orientação — um modo de pensar e de resolver problemas.

Os distúrbios de aprendizagem de seu filho estarão bem aparentes em casa. Diga à criança claramente que você compreende e assegure-se de que ela ouve e acredita em você. Garanta a seu filho que você está satisfeita porque ele está recebendo auxílio. Pergunte à criança qual seu próprio conselho sobre como você pode ajudar mais. Ao falar com uma criança com problema figura-fundo auditivo — isto é, a dificuldade de selecionar os sons que deve identificar — você pode precisar estabelecer um contato visual antes de falar. Vá à sala ou quarto onde está a criança e chame o nome dela. Fale com a criança somente depois que ela tiver olhado. Se seu filho tem dificuldade com seqüência — isto é, seguir as fases de uma tarefa na ordem certa — ajude a criança a começar. Não realize o trabalho pela criança, mas ajude-a a se organizar. Se você quer a mesa posta, por exemplo, ponha um modelo de arrumação (o prato aqui, a faca, o garfo e a colher lá, o copo aí). Se seu filho tem problema em se vestir pela manhã, porque é difícil determinar o que colocar primeiro, talvez você possa deixar as roupas sobre a cama na seqüência. Se ele tem problemas de coordenação motora fina e dificuldade com botões ou laços de sapato, tente camisetas sem botões e mocassins. Você não pode evitar todas as dificuldades, mas pode fazer o máximo para que seu filho seja independente.

Faça uma lista das áreas em que a criança é forte ou fraca. Ao lado de cada capacidade escreva todas as coisas que ela é capaz de fazer. Ao lado das dificuldades, escreva todas as coisas em que você notou que os distúrbios interferem. Pense, então, criativamente, sobre o que você poderá fazer para ampliar as forças da criança e ajudar a compensar as fraquezas. Por exemplo, quais os trabalhos caseiros que a criança pode fazer? Se problemas de coordenação motora grossa resultam em acidentes quando a criança está tirando o lixo, que outras tarefas podem ser designadas para ela? Possivelmente o conselheiro ou outra pessoa da equipe de educação especial da escola pode auxiliá-la nisto. Uma regra que considero útil é a seguinte: *Se você está lutando com você mesma para decidir se seu filho pode ou não fazer alguma coisa por causa de um distúrbio, suponha que ele pode e insista.* Se a criança for bem-sucedida, ótimo! Se ela continuar a ter problema, você sempre poderá retornar. A questão não é se ela pode fazer a tarefa. A questão é *como* ela pode fazer a tarefa.

Se você gosta de ajudar ativamente o trabalho de seu filho em suas áreas de distúrbios, pense em usar as atividades caseiras normais para reforçar a aprendizagem. Novamente, não posso escrever uma receita para ajudar sua criança ou seu adolescente. Só posso sugerir uma maneira de pensar. Muitas atividades da cozinha, por exemplo, exigem leitura, medida, contagem e obediência a instruções. Isso dá boa prática em seqüência. Cortar e mexer são bons exercícios para atividades motoras grosseiras. Se você quer aumentar a memória auditiva, leve a criança para fazer compras com você. Primeiro, quando estiver perto da prateleira correta, peça à criança para apanhar um item, uma lata de ervilhas, digamos. Depois, peça mais dois ou três. Mais tarde ainda, fale de um item num outro corredor ou em dois outros. Se você quer trabalhar ativamente com seu filho dessa maneira, não há dúvida de que você pode pensar em muitas outras situações que aparecem em sua vida diária, nas quais seu filho pode praticar as habilidades que lhe faltam.

As mesmas técnicas podem ser aplicadas fora da casa, nos esportes, nos clubes e em outras atividades. Cada esporte exige forças diferentes. Se seu filho tem problemas de seqüência ou distúrbios de coordenação viso-motora ou fina, jogos com regras elaboradas, ou os que exigem habilidades como beisebol e basquetebol, serão difíceis. O fraco desempenho da criança também se juntará a problemas sociais e com colegas. Mas digamos que ela tenha bom desempenho em atividades que exijam coordenação motora. Tente natação, mergulhos, futebol, equitação, esqui, boliche ou algumas práticas esportivas, todas se baseando em capacidades de atividades motoras grosseiras. O mesmo garoto de dez anos que parou de jogar beisebol porque não podia pegar, lançar ou bater bem, e que não foi melhor no basquetebol, pode sair-se muito bem no futebol, ou tornar-se um excelente nadador. Deixe a criança encontrar o sucesso e a aceitação dos colegas nesses esportes.

Algumas crianças acham todos os esportes difíceis. Mas pode ser possível melhorar algumas das habilidades necessárias pela prática. A maioria dos garotos da idade dele não terá tempo ou paciência para ajudar. Mas um pai ou uma irmã ou um irmão mais velho pode ir para o quintal ou qualquer outro lugar onde as outras crianças não vejam, e praticar pegar, lançar ou bater.

Por causa da dificuldade de seguir instruções ou simplesmente porque jogam tão mal, algumas crianças nunca aprendem as regras básicas de um jogo. Mais uma vez, você ou alguém da família precisa sentar-se e ensinar à criança como se joga beisebol, ou amarelinha, desde a marcação do campo, tratando de todas as regras, até que a criança compreenda.

Você pode usar esta orientação com todas as atividades externas da criança. Apóie-se na capacidade: não aumente as dificuldades. Imagine uma criança com dez anos, com distúrbios de coordenação motora fina, seqüencial e coordenação viso-motora em uma reunião de lobinhos. Todos estão cortando abóboras, ou aves, ou qualquer outra coisa, e os pedaços cortados por seu filho são um fracasso completo. Todos riem dele. Outro fracasso, e a criança não quer ir mais a reunião alguma. Mas se os chefes das atividades tivessem sabido o que a criança não podia fazer, poderiam ter aproveitado as capacidades relacionadas à coordenação motora grosseira que a criança possui. Poderiam dar-lhe papel para passar cola ou lambuzar a folha com tinta. O fracasso teria se tornado um sucesso. Da mesma maneira, na noite da visita dos pais, sua filha não precisaria demonstrar a execução de nós. Mas pode desfilar carregando a bandeira.

Quando tais crianças forem às associações juvenis locais, não as deixem perambular à vontade e selecionar o que gostam de fazer, ao acaso. Se devem tentar as artes, as fábricas ou a fotografia depende do que elas são capazes de fazer razoavelmente bem. Fábricas exigem boa percepção visual e coordenação olho-mão; muitos aspectos da fotografia envolvem habilidade de coordenação motora grossa. Planeje com antecedência para essas ocasiões. E use o clube, o grupo ou os líderes de atividades como extensões de você mesmo. Ajude-os a entender, antecipadamente, o que você quer conseguir. Eles só podem ajudá-lo se você advogar sua própria causa.

Assegure-se de que tais pessoas compreendem que seu filho nem sempre ouve cada instrução dada; devem saber, antecipadamente, para verificar com a criança e repetir as coisas, se necessário. Seu filho pode parecer quieto ou indiferente porque a fala não vem facilmente. Diga isso ao pessoal encarregado. Você pode ter de explicar todo o problema: seu filho não é retardado, mau ou preguiçoso. O distúrbio simplesmente é invisível. Você pode e deve fazer o instrutor ou o líder da atividade sensível às necessidades especiais de seu filho. O mesmo conselho é válido para a escola dominical e programas de educação religiosa. Assegure-se de que os diretores sabem tudo a respeito da criança de modo que possam trabalhar com você ao escolher a classe e os programas de atividades apropriados.

A escolha de um acampamento, seja para passar o dia ou para dormir, requer a mesma atenção. Você pode pensar em um acampamento destinado a crianças com necessidades especiais ou você pode usar um acampamento normal, cuidadosamente selecionado. Pense se seu filho pode freqüentar um acampamento pequeno ou grande. Quais as possibilidades e capacidades que a criança tem, e como você as combina com o que um acampamento oferece? Alguns acampamentos têm teatrinho, ou artes ou oficinas. Essas atividades são as que explorarão as potencialidades de seu filho ou ele receberá mais dano porque parecerá idiota? Alguns acampamentos são orientados para o esporte e a competição. Vaia para a garota que deixou cair a bola e fez seu grupo perder o jogo! Mas há acampamentos que oferecem atividades não competitivas ou esportes de coordenação motora grossa. Seu filho desajeitado, não atlético, pode dar-se muito bem em um acampamento que tenha equitação ou atividades aquáticas. Natação, remo, vela, todas são atividades que exigem coordenação motora grossa.

Antes de selecionar um acampamento, converse longamente com o diretor. Essa pessoa é flexível? Ele descreve programas que podem ser úteis ao seu filho em particular? Não hesite em educar os conselheiros, também. Eles apreciarão as informações, e seu filho se beneficiará indubitavelmente com a compreensão de pessoas, tão importantes.

RESUMO

Neste capítulo tentei ilustrar um estilo de pensar e resolver problemas. Os exemplos específicos podem ou não enquadrar exatamente sua criança ou seu adolescente, mas os princípios gerais se aplicam a todos os casos.

É trabalhoso. Você tem de aprender mais a respeito de seu jovem do que julgava possível. Você tem de ser criativa. Sim, é necessário um esforço fora do comum. Mas, se você não o fizer, quem fará?

12

TRATAMENTO DA HIPERATIVIDADE E DO DÉFICIT DE ATENÇÃO/CONCENTRAÇÃO

Já descrevi as possíveis causas do comportamento superativo ou distraído. Deve recordar-se que a Hiperatividade e/ou a Dificuldade de Atenção encontradas em algumas crianças e adolescentes com distúrbios de aprendizagem parecem não ser devidas à ansiedade ou depressão, mas a uma dificuldade neurológica. Pesquisa recente sugere que essa dificuldade ocorre em uma parte do cérebro chamada "sistema de ativação reticular ascendente". Parece estar relacionada com uma deficiência de um tipo de elemento químico, chamado de "neurotransmissor", que transmite impulsos de uma célula cerebral para outra. O elemento químico pode ser norepinefrina ou um de seus subprodutos, dopa ou dopamina.

Se uma criança ou adolescente é diagnosticado como tendo essa Hiperatividade ou Distração de base neurológica, existem vários tipos de ajuda. O jovem pode necessitar estrutura e um ambiente mais quieto ou mais calmo. Para alguns, um programa de modificação comportamental pode diminuir o nível de atividade ou de distração. Para a maioria, uma medicação será prescrita. Esse tipo de medicação é chamado de "psicoestimulante", porque, na maioria das pessoas, estimula o cérebro.

Em 1937, um médico chamado Charles Bradley notou que esses psicoestimulantes pareciam acalmar crianças que eram hiperativas. Desde 1937, muitos estudos confirmaram essa observação. Também foi observado que medicações, tais como barbitúricos, que deprimem a função cerebral, parecem aumentar o nível de atividade em muitas dessas mesmas crianças.

Ainda não sabemos por que um estimulante cerebral acalma essas crianças, enquanto um depressivo cerebral as estimula. Possivelmente, o sistema na base cerebral, que controla o nível de atividade muscular e a entrada sensorial no cérebro, está funcionando tão mal que qualquer medicação que estimule essa área faz com que funcione melhor, resultando em uma menor atividade muscular e maior controle sobre a entrada sensorial no cérebro. Assim, a pessoa se torna menos ativa e menos dispersiva. Inversamente, qualquer medicação que tranqüilize essa área do cérebro faz com que funcione até pior, resultando num aumento do nível da atividade muscular e menor controle sobre a entrada sensorial no cérebro. Contrariamente à expectativa normal, a pessoa se torna ainda mais ativa e mais dispersiva. Embora não saibamos precisamente como essas medicações funcionam, elas parecem compensar um desequilíbrio químico que pode ocorrer em crianças Hiperativas e Dispersivas.

Quando uma criança ou um adolescente com diagnóstico de Hiperativo ou com Dificuldade de Atenção é colocada sob um psicoestimulante, espera-se encontrar um decréscimo na atividade muscular, resultando numa criança mais calma ou uma diminuição na distração, com um maior tempo de atenção. Os psicoestimulantes não causam nenhum melhoramento na hiperatividade causada pela ansiedade, nem curam distúrbios de aprendizagem, embora a habilidade motora em algumas crianças possa melhorar. Também não curam problemas emocionais, sociais ou familiares, embora minorem alguns dos comportamentos que causam tais problemas.

OS PSICOESTIMULANTES

Os três psicoestimulantes mais comumente usados são Ritalina (nome genérico: metilfenidato), Dexedrina (nome genérico: dextroanfetamina) e Cylert (nome genérico: pemolina).

A *Ritalina* vem em três dosagens, 5, 10 e 20 miligramas (abreviado: mg). A dosagem usual é de 5 a 15 mg três vezes ao dia, embora algumas crianças possam tomar até 20 mg quatro vezes por dia. Existe também em uma forma de ação prolongada de 20 mg, chamada Ritalina SR.

A *Dexedrina* vem em forma líquida, em tabletes de 5 e 10 mg e em "*spansules*" com ação de 12 horas, em 5, 10 e 15 mg. A dosagem usual é de 5 ou 10 mg, duas ou três vezes ao dia, mas pode ser necessária uma dosagem maior. Uma vez estabelecida uma dosagem padrão, pode-se pensar em uma *spansule* de tempo marcado, de 12 horas, pela manhã. Dura o dia inteiro e evita a necessidade de pílulas adicionais.

O *Cylert* é uma medicação de ação prolongada, mas serão necessárias várias semanas para que seus efeitos sejam observados. Vem em tabletes de 18,75; 37,5 e 75 mg e em um tablete de mascar de 37,5 mg.

Antes de entrar em detalhes, gostaria de apresentar a você as questões gerais que responderei. Primeiro, se seu filho está tomando um psicoestimulante, você deveria discutir isso com o médico da família e com as professoras da criança? A resposta é, enfaticamente, sim! Fique certo de que cada pequena informação pertinente seja comunicada.

Qual a quantidade de medicação, quando e em que dosagem ela é necessária? Você deve estar certo de que seu filho está recebendo a medicação que necessita, *mas não mais.* Seu médico deve deixar que você assista o acompanhamento da dosagem e explicarei como proceder.

Quais são os possíveis efeitos colaterais de tais medicamentos e o que você terá de fazer se eles aparecerem? Discutirei isso em detalhe.

Finalmente, o que você deve fazer se seu filho não aceita tomar a medicação? Sugerirei idéias. Como em qualquer outra coisa, para ser um "advogado" eficaz, você deve ser um consumidor informado.

DOSAGEM E HORÁRIO DA MEDICAÇÃO

Qual a quantidade de medicação necessária?

A quantidade de medicação necessária deve ser determinada tentando diferentes dosagens até que seja alcançado um nível ótimo para o funcionamento da criança. Não se pode predizer a dosagem correta *a priori.* Algumas crianças e adolescentes metabolizam as medicações mais rapidamente e, portanto, precisam de maiores dosagens que outros. Uma criança que necessita de 20 mg três vezes ao dia não é, necessariamente, mais perturbada que outra que só necessita de 5 mg três vezes ao dia. A dosagem diferente pode apenas indicar que a primeira criança metaboliza a medicação mais depressa que a segunda.

Quando a medicação deve ser usada?

Devo enfatizar que Hiperatividade e/ou Dificuldade de Concentração/Atenção não são distúrbios apenas escolares — são distúrbios de vida. São comportamentos que interferem em cada aspecto da vida familiar e social. Se uma criança responde positivamente a essas medicações, deve tomá-la durante todo o dia, todos os dias, não apenas durante a jornada escolar. É tão importante que uma criança se sinta calmamente e preste atenção na mesa do jantar ou quando estiver brincando com um amigo, como o é comportar-se na aula.

Esse é um ponto importante. Alguns médicos ainda pensam que a criança deveria tomar o remédio apenas durante a jornada escolar. Esse procedimento deixa a criança sem medicação durante o período fora da escola, à noite, nos fins de semana e nas férias. A criança Hiperativa e/ou com Déficit de Atenção, que responde positivamente à medicação, precisa desta para efetuar um melhor comportamento durante todas as horas, não apenas enquanto estiver na escola. É difícil que se mantenha a criança sem medicação durante os momentos em que ela quer — e precisa — relaxar, relacionar-se e atuar natural e socialmente no jantar com a família, assistindo à TV com irmãos e irmãs, nas reuniões de lobinhos, na escola dominical e acampamentos de verão com amigos. Se o seu médico mantém seu filho sob medicação apenas durante as horas escolares e se você notar o comportamento Hiperativo ou Dispersivo no fim da tarde, à noite e nos fins de semana, peça que a dosagem seja aumentada para cobrir essas horas.

A dosagem pode variar, dependendo da necessidade?

Sim, pode. Medicações de ação rápida (Ritalina, Dexedrina) começam a produzir efeito em vinte a quarenta minutos e duram três a cinco horas. Elas não curam os problemas, apenas neutralizam-nos enquanto estão sob seu efeito. Elas não se acumulam; portanto, depois de passado o efeito da medicação, a criança estará novamente à disposição de sua prévia Hiperatividade ou Dificuldade de Concentração/Atenção. Sabendo disso, e com a permissão de seu médico, você poderá aumentar ou diminuir a dosagem, para corresponder às atividades de seu filho. Por exemplo, se ele toma 5 mg às oito horas da manhã, ao meio-dia e às quatro horas da tarde e tem uma reunião de lobinhos ou se vem alguma visita, você pode dar-lhe 5 mg a mais às quatro da tarde ou às seis da tarde. Se você está na praia ou num parque e sente que seu filho pode correr mais livremente que o normal, com pouca solicitação para um comportamento cuidadosamente controlado, você pode pular a dose das quatro horas. Pense em períodos de quatro horas e aprenda qual a dosagem que funciona melhor para seu filho e em que ocasiões. Você pode aprender a harmonizar essas medicações muito bem, depois de uma cuidadosa observação

POSSÍVEIS EFEITOS COLATERAIS

Os psicoestimulantes têm sido usados com segurança e eficazmente desde o fim da década de 1930. Eles não deixam crianças e adolescentes propensos à dependência de drogas ou inclinados a usar drogas inadequadamente. Estudos sugerem exatamente o oposto. As crianças são capazes de se tornar mais respeitadoras de medicações e menos inclinadas a abusar de drogas. O médico deve discutir os possíveis efeitos colaterais de qualquer tipo de medicação com você. Deixe-me rever alguns desses efeitos e sugerir orientações para lidar com eles.

Em primeiro lugar está a questão da altura. Um estudo feito há anos sugeria que crianças que permaneciam sob o uso de psicoestimulantes por muitos anos consecutivos ficavam três a seis centímetros menores do que se poderia esperar, caso não os utilizassem. Desde esse estudo, muitos outros foram feitos sem confirmar esses resultados. Outros, ainda, sugerem que o hormônio que controla o crescimento é principalmente produzido à noite, quando a criança está sem medicação. Talvez, no momento, o melhor que se diga sobre os resultados dessas pesquisas é que não sugerem que as crianças consumidoras de psicoestimulantes tenham uma supressão de crescimento.

Os psicoestimulantes podem produzir uma perda de apetite, chamada "anorexia", e isso pode ser um problema. Essa perda de apetite pode desaparecer depois de duas ou três semanas, mas, se persistir, e a criança começar a perder peso, a dosagem pode ser mudada ou uma outra medicação, prescrita.

Você deve também preocupar-se com a nutrição, pois os hábitos alimentares irregulares da criança podem perturbar as rotinas da família. A medicação pode diminuir o apetite e, tal como você quando está sem muita fome, seu filho pode tornar-se muito enjoado quanto à escolha da comida. Ou a criança pode preferir balas e lanches, comendo pouco à mesa durante as refeições principais. Em primeiro lugar, determine que lanches e sobremesas só depois de a criança comer a refeição. E, também, com a permissão de seu médico, você pode variar as ocasiões de dar as medicações. Dê a primeira dose com o café da manhã — não irá fazer efeito tão depressa ao ponto de afetar o apetite. O almoço será uma perda. Mas, se você puder retardar a dose da tarde até quase à hora do jantar, seu filho talvez possa ter apetite na hora da refeição.

Algumas crianças têm dificuldade para dormir e podem ficar agitadas na cama por horas. Tal como os problemas de apetite, esse efeito pode desaparecer durante o primeiro mês de medicação. Em algumas crianças, a falta de sono é um resultado legítimo do psicoestimulante e torna-se necessário suspender a dose do fim ou do meio da tarde. Com outras crianças, a falta de sono não se deve ao medicamento, mas por estar sem medicação. Isto é, uma criança com uma receita de três vezes ao dia está sob o efeito da medicação desde a manhã até cerca de quatro horas depois da última dose. Quando a medicação perde o efeito, às oito ou nove horas da noite, a criança retorna ao seu nível normal de hiperatividade — ou maior. O resultado é uma animação e inquietação aumentadas na hora de dormir. A criança é posta na cama às nove ou nove e meia, mas simplesmente não desliga. Para tal criança, uma dose adicional do estimulante às oito da noite pode eliminar a dificuldade com o sono. Parar a dose da tarde ajuda em alguns casos; acrescentar uma dose na hora de dormir auxilia em outros. As duas possíveis causas de falta de sono são difíceis de diferenciar e, muitas vezes, uma dose na hora de dormir é necessária para aliviar o problema.

Você pode notar que seu filho mostra uma melhora básica com a medicação mas, agora, fala constantemente, ou chora sem razão, ou explode com a mais leve frustração. Instabilidade emocional aparece em algumas crianças que estão tomando psicoestimulantes e não sabemos se resulta da medicação ou de problemas emocionais. A medicação reduz a atividade muscular. Isto torna a criança mais capaz de se relacionar e comunicar, e uma criança que se acalmou pode tornar-se mais falante. Também é possível que, como a medicação fez com que a criança ficasse sentada quieta e se tornasse capaz de aprender, a criança, agora, é forçada a lidar com os problemas da aprendizagem que antes evitava com mais facilidade. Frustração e ansiedade aumentam e isso pode explicar o falar excessivo e outros sinais de instabilidade emocional. Se a tranqüilização da criança e a assistência pela equipe de educação especial não ajudar a diminuir esses sintomas, você deve pedir ao médico para diminuir a dosagem do medicamento. Se isso não ajudar, deve pensar em parar com a medicação.

A medicação torna algumas crianças e alguns adolescentes can sados e sonolentos. Podem ficar andando em um quase torpor, ou mostrar pouca ou nenhuma emoção. Esses comportamentos mostram que a criança está sob medicação demasiada. O efeito calmante é excessivo. A diminuição da dose pode corrigir os problemas.

Crianças e adolescentes que passam bem com psicoestimulantes, podem, repentinamente, passar mal quando tomam medicamentos para resfriados que incluem um anti-histamínico. O efeito sedativo da anti-histamina parece neutralizar alguns dos efeitos estimulantes do psicoestimulante. Se isto acontecer, seu filho pode precisar de uma maior dose de psicoestimulante enquanto estiver tomando anti-histaminas.

OUTRAS MEDICAÇÕES

Nenhum outro grupo de medicamentos atua sobre a Hiperatividade e Déficit de Atenção com tanto sucesso como os psicoestimulantes. Megavitaminas, elementos de investigação e a eliminação de aditivos alimentares específicos foram propostos como tratamentos para a hiperatividade, e discuto essas orientações de tratamento no Capítulo 14. Aqui vamos examinar alguns outros tipos de medicação e seus prováveis efeitos, para o caso de você ouvir falar de seu uso ou se forem sugeridos para seu filho.

Os tranqüilizantes maiores

Este grupo de medicamentos é usado em pessoas que têm distúrbios de pensamento psicóticos, tais como a esquizofrenia. Os medicamentos mais freqüentemente usados nessa categoria são Torazina, Melleril e Stelazine. Não fazem nada para diminuir a Hiperatividade ou o Déficit de Atenção da criança ou do adolescente com distúrbios de aprendizagem.

Os tranqüilizantes menores

Este grupo de medicamentos é mais livremente usado pela população em geral, para diminuir a ansiedade. Os mais comuns são Librium, Valium, Miltown (ou Equanil), Atarax e Vistaril. Nenhum desses medicamentos tem qualquer efeito sobre a Hiperatividade ou o Déficit de Concentração/Atenção, embora seu uso possa diminuir um comportamento superativo causado pela ansiedade.

Os antidepressivos

Notamos que os psicoestimulantes são antidepressivos. Um outro medicamento, o Tofranil (nome genérico: imipramina), pode agir sobre a Hiperatividade ou Dificuldade de Concentração (ver abaixo).

Os inibidores das monoaminas, outro tipo de antidepressivo, não ajudam os casos de que estamos tratando.

Lithium, que é usado com sucesso para estabilizar variações de ânimo com distúrbios bipolares (maníaco-depressivo), também não se mostrou útil nessas condições.

Medicação contra crises convulsivas

O Dilantin e outros medicamentos usados para distúrbios cerebrais não ajudam a combater a Hiperatividade ou a Dificuldade de Atenção.

Medicamentos para problemas específicos

Alguns medicamentos podem ser prescritos por seu médico para comportamentos especiais. Haldol (nome genérico: haloperidol) pode controlar espasmos involuntários de um músculo ou grupo de músculos, chamados "tiques". Tofranil (nome genérico: imipramina) pode ser usado ao deitar para controlar o molhar a cama (enurese). Incidentalmente, o Tofranil afeta os mesmos agentes químicos do cérebro que os psicoestimulantes. Então, se seu filho está com essa medicação, pode precisar de uma dose menor de psicoestimulante. Melleril (nome genérico: tioridazina) ao deitar pode diminuir, temporariamente, excessivos pesadelos. Valium (nome genérico: diazepam) pode dar alívio temporário aos terrores noturnos, estado em que a criança parece estar acordada mas ainda está dormindo, sob um pesadelo.

OBTENDO A COOPERAÇÃO DE SEU FILHO

Se seu filho compreende o que o medicamento faz e como funciona, provavelmente coopera mais. Se o remédio ajuda, a criança verificará isso e gostará de o estar tomando. Uma vez estabelecida a atitude positiva, dê ao seu filho o controle de seu próprio corpo deixando o jovem participar de decisões sobre qual a dosagem necessária para as diferentes partes do dia. Mas se a criança não sente benefícios, e professoras e membros da família não vêem nenhuma melhora, ela não o deve tomar.

Se você enfrenta alguma resistência, discuta-a plenamente com seu filho. Talvez a criança não entenda o que faz a medicação. Talvez a veja como "uma pílula ruim" — cada vez que a criança se comporta mal, mamãe ou papai diz "Já tomou sua pílula hoje?" Talvez a criança não queira que as outras saibam sobre as pílulas. Se for esse o caso, você tem de arranjar um plano para manter o segredo.

Os adolescentes, principalmente, odeiam ser diferentes. É comum que alguém que tenha cooperado quando criança se rebele contra um regime de medicação quando adolescente. Discuta isso com seu filho e tente explicar como o remédio ainda é importante.

Se, depois de todos os esforços, a resistência persiste, discuta-a com o médico da família ou com um profissional de saúde mental e criem um plano de combate.

13

TRATAMENTO DE PROBLEMAS EMOCIONAIS, SOCIAIS E FAMILIARES

Como disse tantas vezes, uma questão crítica é se os problemas emocionais, sociais e familiares estão *causando* a dificuldade escolar ou se esses problemas são uma *conseqüência* das frustrações e fracassos trazidos por uma dificuldade escolar. Se os problemas são uma conseqüência dos distúrbios de aprendizagem, a atenção inicial deve ser no desenvolvimento de programas de educação apropriados, antes de qualquer medicação indicada e na educação ou reeducação da família. Depois que esses estresses forem minorados, se os problemas emocionais, sociais ou familiares persistirem, pode ser necessário procurar um auxílio clínico.

Já vimos alguns problemas comuns desse tipo em capítulos anteriores. Também já discuti o processo de avaliação. Vamos ver agora, em primeiro lugar, os diferentes tipos de profissionais de saúde mental e as terapias psicológicas que estão normalmente disponíveis. Depois, abordarei algumas técnicas de modificação de comportamento que você pode usar em casa para tornar a vida familiar mais suave, esteja ou não o jovem tratando de seus distúrbios de aprendizagem.

OS PROFISSIONAIS DE SAÚDE MENTAL

Há quatro espécies de profissionais de saúde mental: psiquiatras, psicólogos, assistentes sociais e enfermeiros psiquiátricos. Cada um tem um núcleo de conhecimento e habilidades comuns em diagnose e tratamento, assim como áreas de especialização. Sendo um consumidor inteligente, há necessidade de que você aprenda tudo que for possível sobre as qualificações de qualquer clínico que vá trabalhar com seu filho ou com sua família. Fique tão preocupada em procurar a pessoa mais bem qualificada nesse campo quanto se estivesse selecionando um cirurgião cerebral.

Cada um desses profissionais pode praticar uma das várias formas de terapia. Deixe-me descrever primeiro cada espécie de profissional de saúde mental e, depois, discutir as orientações para a terapia.

O *psiquiatra* é, acima de tudo, um doutor em medicina, um médico. Um psiquiatra geral teve quatro a cinco anos de treinamento especializado adicional, depois de se graduar na faculdade de medicina. Parte desse treinamento inclui experiência em trabalho psiquiátrico com crianças e adolescentes. Um psiquiatra infantil completou o treinamento e educação médica para se tornar um psiquiatra geral e teve, então, mais dois anos de treinamento adicional em psiquiatria infantil. Devido ao seu treinamento médico, o psiquiatra geral ou infantil está mais capacitado para diferenciar os aspectos biológicos, psicológicos e sociais — "biopsicológicos" — de um problema, a fim de estabelecer um diagnóstico. Por lei, só os psiquiatras podem prescrever medicações ou, em muitos estados, admitir pacientes em um hospital psiquiátrico. Todos os psiquiatras são treinados para fazer psicoterapia individual; a maioria é também preparada para fazer terapia de grupo, comportamental e familiar. O psiquiatra infantil, por causa de seu treinamento adicional, especializa-se no diagnóstico e tratamento biopsicossocial de crianças e adolescentes.

O *psicólogo* pode ter um grau de mestrado ou doutorado. Alguns praticam com um grau de bacharel, mas a maioria dos estados não licencia pessoas com apenas esse tempo de treinamento. O treinamento avançado pode ser em uma área clínica, aconselhamento ou psicologia escolar. Há outras áreas de especialização. O psicólogo com grau de doutor completou de quatro a seis anos de curso de pós-graduação, inclusive um ano de treinamento clínico especial ou como interno. Como é possível ser treinado em tantas áreas e como há tantos tipos diferentes de internatos, cada psicólogo tem, provavelmente, habilidades diferentes em variados tipos de terapia. A profundidade e a variedade de treinamento com crianças e adolescentes também varia muito. O psicólogo com grau de mestrado completou um programa de pós-graduação de um ou dois anos depois da faculdade. Como o treinamento e a experiência variam tão amplamente, você pode discutir o conhecimento de seu psicólogo antes de iniciar qualquer terapia. Note, porém, que a maioria dos psicólogos tem a habilidade especial de ser capaz de administrar testes psicológicos.

O *assistente social* completou a faculdade e mais dois anos de pós-graduação em assistência social. Após esse treinamento, trabalha, normalmente sob supervisão, em uma agência especial ou algum outro estabelecimento, por alguns anos mais. Os que orientam seu trabalho para o campo da saúde mental são muitas vezes chamados de "assistentes sociais psiquiátricos". O nível de prescrição de diagnóstico e tratamento, quando estiver trabalhando com crianças e adolescentes, depende da experiência adicional do assistente social após a graduação. Da mesma maneira, as espécies de tratamentos e terapias oferecidos. Em algumas organizações, assistentes sociais apenas com grau de bacharel podem prestar determinados serviços.

O *enfermeiro psiquiático* pode ter completado um programa de instrução de dois, três ou quatro anos, e a experiência em um estabelecimento psiquiátrico. Para ter um certificado de Especialista Clínico, o indivíduo deve ter um grau de mestre ou doutor em enfermagem de saúde mental ou psiquiátrica, ou um equivalente aceitável, e fazer um exame nacional. O enfermeiro psiquiátrico com curso de graduação tem habilidades e conhecimentos básicos comparáveis aos dos outros profissionais de saúde mental com nível de treinamento semelhante. Muitos se orientam para a terapia familiar, mas muitos são hábeis em terapia individual, comportamental e grupal, com crianças e adolescentes.

Você pode ver que há muitas profissões dentro do campo da saúde mental e, em cada profissão, os praticantes têm níveis de treinamento e experiência bastante diferentes. Nem todos são igualmente bem habilitados a tratar com crianças e adolescentes. Seja um consumidor inteligente, informado. Não é impróprio discutir a especialidade, o treinamento e a experiência de uma pessoa. Afinal, você está confiando seu filho e possivelmente sua família a ela. Seja positivo. Não é ser rude rejeitar um terapeuta e procurar um outro, se você não gostar da pessoa ou sentir que ela não se relaciona bem com seu filho.

AS TERAPIAS PSICOLÓGICAS

Os vários comportamentos de crianças e adolescentes refletem muitas espécies de problemas emocionais. Qualquer avaliação focaliza todos os aspectos de comportamentos e, dependendo das observações, o avaliador recomendará um tipo de terapia que sirva melhor aos problemas identificados. Muitas vezes são encontrados problemas que necessitam de uma combinação de tratamentos. As espécies de avaliação e as terapias a que conduzem incluem:

A *avaliação dinâmica*, algumas vezes chamada de avaliação "psicanalítica" ou "intrapsíquica", pode ser feita conversando com a criança ou, com uma criança menor, interagindo através de técnicas de brincadeiras. O avaliador procura interações de processos de pensamento internos (desejos e necessidades básicas, princípios de consciência ou valores), da capacidade de resolver o que fazer e das realidades do mundo exterior. A criança explora questões relacionadas com as forças relativas de cada processo, os mecanismos de resolução à sua disposição, os tipos de problemas ou conflitos com os quais ela está lutando e se todos esses fatores são apropriados à idade ou não. Se forem encontrados conflitos, pode ser recomendada a *psicoterapia individual*.

Numa *avaliação comportamental*, o clínico observa e registra o comportamento, numa tentativa de observar como os comportamentos foram adquiridos e por que persistem. Se eles não forem bem-sucedidos ou forem disfuncionais, como poderão vir a ser mudados? O que reforça o comportamento de uma criança ou um adolescente? Vários tipos de *terapia comportamental* podem ser recomendados.

A *avaliação interpessoal* muitas vezes envolve a observação direta da criança ou do adolescente em vários ambientes ou a obtenção de informações de pessoas que a (ou o) observam nesses locais. Como a criança interage com colegas e com adultos? Que papéis ela desempenha? Existem padrões de comportamento que expliquem dificuldades de relacionamento ou comunicação? Se aparecem problemas nessas áreas, pode ser recomendada a *terapia de grupo*.

A *avaliação dos sistemas*, ou avaliação familiar, observa a organização ou sistema mais importante, a família. Ela é observada em conjunto. Que papel a criança ou o adolescente representam? Que efeito este papel tem em outros membros da família? Que efeito os outros membros da família têm na criança? Dificuldades nessas áreas podem conduzir à *terapia familiar*.

No momento em que algumas crianças são avaliadas, seus problemas tornam-se tão complexos que uma orientação múltipla pode ser necessária. Toda a família pode ser observada inicialmente tanto para educar como para ajudar os pais a retomar o controle e a confiança. Nessa ocasião, um conjunto de modificações de comportamento pode ser introduzido para ajudar a estabelecer alguns limites nos comportamentos inaceitáveis da criança ou do adolescente. Quando o comportamento estiver sob controle, a criança ou o adolecente pode ser visto individualmente e os pais como um casal. A família continua a ser observada em conjunto em ocasião semelhante.

Você pode ajudar seu filho e sua família de várias maneiras. A primeira coisa a fazer é selecionar um médico competente, que seja bem formado, experiente e habilidoso e do qual você goste e com quem acha que pode falar facilmente. De preferência, o médico deve estar à vontade em mais de um modelo de terapia e ser flexível no uso da orientação que for mais vantajosa em uma dada ocasião e deve ser conhecedor dos distúrbios de aprendizagem e dos problemas especiais da pessoa com tais distúrbios e de sua família.

ACONSELHAMENTO FAMILIAR PREVENTIVO

Quando uma avaliação completa tiver sido feita, todos na família devem ouvir e compreender os resultados. Acho vantajoso usar de três a cinco sessões de uma hora enfatizando o aconselhamento preventivo para facilitar o processo.

Eu me encontro inicialmente com os pais para rever todos os aspectos da avaliação. Eles devem compreender, justamente, quais são os distúrbios de aprendizagem e perceber que tipos de programas de educação especial são necessários. Devem também entender como os distúrbios de aprendizagem de seu filho se relacionam com as atividades em casa, na vizinhança, nos esportes e em outras atividades. Introduzo o conceito de construir sobre as potencialidades em vez de ampliar os pontos fracos. Se for necessária uma medicação, explico qual é e como os pais agirão comigo para usá-la. Passo, então, para as maneiras como os distúrbios da criança podem explicar os problemas emocionais, sociais e familiares. Antes de terminarem essas sessões iniciais, posso oferecer aos pais material de leitura ou encaminhá-los ao pessoal da escola com quem vão agir, se ainda não os conhecerem.

Quando os pais tiverem começado a entender, encontro-me com a criança e passo em revista todos os assuntos que partilhei com os pais. A única diferença é a maneira pela qual me comunicarei com uma criancinha, uma outra mais velha ou um adolescente. Trato de cada teste e explico os resultados. Para a maioria, esta sessão é a mais importante que alguém já teve. Pela primeira vez, essas crianças compreendem por que são assim e por que têm problemas. Elas se conscientizam de que não são más ou estúpidas ou preguiçosas. Termino revendo todo o plano de tratamento, inclusive para a escola e para casa. Se uma medicação ou outra terapia é necessária, discuto-a também.

Quando a criança ou o adolescente começam a entender, marco uma sessão familiar. Revemos toda a avaliação novamente. Cada membro da família precisa saber e entender os problemas e os planos de tratamento. Os irmãos e irmãs devem ter uma oportunidade de fazer perguntas e partilhar suas preocupações. Com o entendimento, a imagem da criança e seu papel na família começam a mudar. Os irmãos podem se tornar aliados na batalha do auxílio.

Com essa orientação de aconselhamento preventivo, tanto para a criança como para a família, muitas, se não a maioria, das crianças e de suas famílias relaxam e apresentam progressos. Os problemas sociais, emocionais e familiares diminuem à medida que os estresses são aliviados e as oportunidades para sucessos e relacionamentos positivos são aumentadas. Os que melhoram muito vagarosamente, ou nada, podem ter necessidade de algum tipo de terapia psicológica. É melhor adiar as recomendações para tal terapia até que possam ser observados os efeitos do aconselhamento.

Deve haver um apoio imediato atuando com a escola, e você deve tentar diferentes estratégias. Normalmente, eu me reúno com a família uma ou duas vezes por ano para avaliar o progresso e pensar nos próximos passos, algumas vezes para longo tempo. Algumas das crianças de famílias que começaram comigo quando estavam no princípio da escola de primeiro grau, estão agora no segundo, ou trabalhando, ou na faculdade.

Penso que o maior objetivo de qualquer intervenção em uma família é educá-la de modo que se tornem consumidores informados e advogados positivos. Quando a criança começa a crescer, gradualmente assume esse papel. Às vezes, essa pessoa deve assumir a responsabilidade de planejar sua própria vida.

Algumas vezes alguns dos distúrbios de aprendizagem da criança se mantêm no adulto. O adolescente ou o jovem adulto deve saber isso, a fim de planejar inteligentemente. Há pouco tempo, recebi um chamado de uma jovem com quem trabalhei desde que ela estava na terceira série. Agora no primeiro ano da faculdade de odontologia, estava em casa nos feriados do inverno. Ela começou dizendo: "Isto nunca acaba." Perguntei o que estava acontecendo. Explicou que tinha tido justamente sua primeira experiência de clínica dentária usando instrumentos. "Tentei examinar os dentes de alguém usando um espelho dental e ficou tudo embaralhado... Todos esses anos me ensinando da esquerda para a direita, da esquerda para a direita e agora está tudo ao contrário novamente... Meu cérebro estava todo confuso." Comecei dizendo que conhecia alguém de sua cidade que podia ajudar. Ela parou-me e disse: "Não se preocupe, eu me arranjo... Eu só vim para dizer alô."

TRATANDO O COMPORTAMENTO INACEITÁVEL EM CASA

Receba ou não o seu filho terapia profissional, certas medidas que você pode tentar em casa ajudá-la-ão e à sua família a tratar e controlar melhor o comportamento inaceitável de seu filho. Se você tiver dificuldade, os comportamentos de seu filho tornam-se interiorizados demais para mudarem sem auxílio especial, ou outros problemas familiares podem estar interferindo. Não custa tentar, porém.

A dor e a frustração da criança podem ter-se espalhado por toda a família. Acessos de raiva e negativismo podem ter se transformado em batalhas que ninguém vence. Conheço pais que descrevem seu filho como um tirano cuja vontade tem de ser feita ou o inferno se solta — gritos, coisas atiradas, pancadas em irmãs e irmãos, bagunça em todo o quarto, ou "alguma coisa". Mais tarde conheci o garotinho, com pouco mais de um metro e trinta e cinco quilos, que podia ser apanhado e carregado embaixo do braço. Onde *estava* esse monstro?

Quando comecei a trabalhar com a família, logo descobri. O comportamento da criança *realmente* dominava a família. Os pais não queriam confrontos, porque não queriam enfrentar as conseqüências. Eles "olhavam para o outro lado" até que fossem tão empurrados que tinham de reagir. Naquela ocasião, a única reação possível era a raiva. Gritavam, batiam na criança ou davam uma punição — "Não tem TV por uma semana!" —, depois reconsideravam-na porque não tinham meio de fazer valer a ameaça.

Sem querer fazê-lo, muitos pais dão força ao comportamento que eles não querem. A criança age malcriadamente e recebe muita atenção, atenção negativa. Os pais perdem o controle e isso prova à criança que ela *pode* controlar uma parte do mundo, a família. Isso, junto com a obtenção do que a criança quer, é a recompensa por um mau comportamento. Seus outros filhos vêem você forçada a conceder. Eles lhe lembram que o irmão ou a irmã sempre sai ileso. E pior, quando a criança é boa, você fica tão satisfeita que pode não reagir em absoluto. Muito em breve a criança aprende a lição de que o único meio de chamar a atenção é ser má.

Como você pode reverter esse padrão? Como retomar o controle? Como mudar esse comportamento — para o seu bem, o da sua família e, mais importante, para o bem de seu filho? Tal controle negativo dos pais não é saudável nem produtivo para a criança. Esta deve aprender diferentes padrões de comportamento antes de tentar manipulações semelhantes na escola e na sociedade.

Uma orientação envolve *manejo do comportamento.* Você define os comportamentos que você quer mudar, depois desenvolve uma orientação sistemática para fazer as mudanças. Isso ajuda-a a compreender melhor como seu comportamento interage com o de seu filho. Quando o plano funciona, você retoma o controle, sente-se menos indignada e começa a gostar, em vez de odiar, de se relacionar com seu filho.

Identificando os comportamentos

Primeiro, liste os comportamentos específicos que a preocupam. Você poderá fazer isso sozinha ou um clínico de saúde mental pode ajudá-la. Se vocês são dois pais, ambos devem fazer a lista juntos. Um modelo que pode ser usado é uma orientação "A-B-C". Cada dia, um de vocês enche um quadro que inclui as seguintes categorias: *A,* correspondendo a "antecedente", isto é, o que aconteceu antes do comportamento inaceitável; *B,* correspondendo ao comportamento observado; *C,* correspondendo a "conseqüências", o que aconteceu por causa do comportamento. Por exemplo:

Data/Hora	*Antecedente*	*Comportamento*	*Conseqüência*
2.ª/16h30min.	Não sei; não estava lá	John bateu na irmã; ela bateu de volta	Mandei os dois para o quarto

18h	Falando com Mary	John implicou com ela; ela chorou	Gritei com John
21h	Disse a John para se preparar para dormir	Recusou-se a tomar banho, vestiu o pijama; gritou comigo quando falei	Levei trinta minutos para me lembrar; finalmente bati nele e ele foi tomar banho

Alguns padrões deverão tornar-se claros depois de uma semana com esses registros. Por exemplo, as conseqüências que se seguem ao mesmo comportamento podem ser inconsistentes; ou você fica com raiva e grita por qualquer coisa, ou outros membros da família são punidos tanto quanto o filho que causa os problemas. Você pode encontrar um padrão de antecedentes e comportamentos. Quando John não segue seu caminho, não gosta de fazer o que tem de fazer ou vê alguém dando-lhe atenção, ele age.

Não fique surpresa se a lista de um dos pais for diferente da do outro. Quando há pai e mãe, um, muitas vezes, é o firme disciplinador e o outro, o bonzinho, "vamos lhe dar outra oportunidade". Cada um vê e alista coisas diferentes. Além disso, vocês têm experiências e expectativas diferentes. O pai pode chegar em casa às seis horas ou seis e meia da tarde, esperando ficar ou brincar com as crianças. Frustrada e de temperamento exaltado, a mãe já está farta e quer que as crianças fiquem quietas, façam seus deveres de casa e suas obrigações, de tal forma que possam ir para a cama. Nenhum dos dois está certo ou errado, nem há apenas um modo de educar crianças. O objetivo importante é que ambos os pais concordem em suas expectativas e sejam firmes para o conseguir.

Consulte seu quadro e faça uma lista dos comportamentos que você acha inaceitáveis, que causam dificuldades à família. Depois veja se um entende a lista do outro e se você pode concordar com uma lista comum. Não conseguindo, isto pode ser a primeira indicação de um problema, e você pode precisar de ajuda profissional externa para prosseguir.

Freqüentemente, os comportamentos objetáveis se reúnem em três grupos:

Danos físicos

bate nos irmãos

bate nos pais
fere os animais
ou
Injúria verbal
grita com os irmãos
grita com os pais
implica com os irmãos
xinga
ou
Insubmissão
Não ouve o que você diz
Não segue as regras da família
Não faz os serviços necessários da casa
Desafia suas ordens
ou ______________

Organizando um programa

Já que você tem uma idéia clara dos comportamentos que quer mudar, precisa definir o comportamento claramente e procurar um resultado que você pode impor consistentemente. Organize seu novo plano em detalhe, depois apresente-o à família. Idealmente, todos os seus filhos devem participar do programa. Mesmo que os outros filhos não causem problemas, isto não os afetará negativamente e pode realmente beneficiá-los, premiando-os por seu bom comportamento.

Há muitas orientações para mudar comportamentos, e estão disponíveis muitos livros bons, sendo um deles *Parent Effectiveness Training*, do Dr. Thomas Gordon (Wyden Publishers). Se você precisa de ajuda, seu clínico pode ter melhor orientação para sua família do que a que discuto aqui. O plano final deve ser tal que você se sinta bem com ele, que você possa utilizar a qualquer momento; um que corresponda a seu modo de educar crianças.

Em geral, você quer inverter o padrão de punir o mau comportamento e normalmente ignorar ou apenas ocasionalmente premiar o bom ou positivo comportamento. Seu novo plano deve premiar comportamentos positivos e suspender recompensas para os negativos. E você deve ter respostas pré-planejadas que possa usar a qualquer momento, de modo que seu filho não venha a apanhá-la desprevenida, fazendo com que fique sem ajuda e, portanto, com raiva.

Primeiro, divida o dia escolar típico em três partes: (1) do momento em que seu filho se levanta até a hora em que vai para a escola; (2) do momento em que chega da escola até o fim da refeição da noite; e (3) do fim dessa refeição até o momento em que a criança vai dormir. Tente encontrar uma divisão parecida para os fins de semana e para os dias de verão.

Faça agora uma lista dos comportamentos inaceitáveis de seu filho. Sua primeira lista deve ser curta e limitada aos maiores problemas. Por exemplo:

1. Nenhum dano físico (defina em detalhe: bater na irmã, puxar o rabo do gato, ferir a mamãe nas canelas).
2. Nenhuma agressão verbal (novamente, defina em detalhe: não xingar, ou chamar alguém de "estúpida").
3. Insubmissão, isto é, recusar-se a fazer aquilo que lhe mandam fazer. Torne claro que você dará uma ordem uma vez e a repetirá outra vez. Depois disso, você avisará *apenas uma vez*. Se a criança não obedecer na próxima ordem, isso será considerado insubmissão. Você ainda espera que a criança faça o que você pediu, mas ela agiu inaceitavelmente e está sujeita às conseqüências que você estabeleceu.

Seu objetivo é recompensar o comportamento positivo. O negativo resulta em perda de "pontos ganhos" ou em "isolamento" — isto é, a criança será afastada da família durante um certo tempo.

Comecemos com os "pontos ganhos". Sua criança ou seu adolescente pode ganhar um ponto para cada comportamento negativo que *não* tenha sido apresentado. Por exemplo, seu filho sabe que não deve ferir ninguém e que se espera que cumpra suas tarefas em casa. Quando ele sai para a escola, você pode dizer: "Você chamou sua irmã de estúpida mas estou contente porque não bateu em ninguém e botou a louça na pia quando lhe pedi. Portanto, você ganhou dois de seus três pontos." Você pode dizer para sua filha: "Você fez tudo certo hoje de manhã e eu estou contente. Obrigado por não gritar com seu irmão quando ele implicou com você. Você ganhou todos os 3 pontos." Tenha um caderno à mão e registre os pontos. Antigamente, você ralhava com seu filho, premiando-o por lhe dar atenção, enquanto ignorava sua filha. Este plano permite que você dê atenção a todos.

Utilize todas as partes do dia da mesma maneira. O máximo de pontos ganhos pode ser nove por dia, ou sessenta e três por semana. Esses pontos podem ser usados de três maneiras — para um prêmio diário, uma recompensa semanal ou um prêmio especial. Seus filhos podem verificar o caderno para ver quantos pontos têm.

Cada recompensa deve ser individualizada para cada membro da família, e deve ser compatível com os hábitos e a filosofia da família. O *prêmio diário* pode ser uma meia hora adicional de TV, se a sua família limita a TV, ou de ficar acordado trinta minutos depois da hora de dormir normal da criança, ou ter quinze ou trinta minutos de tempo especial sozinho com um dos pais para uma atividade favorita — algo limitável e possível de realizar. A *recompensa semanal* pode ser ir ao cinema ou à lanchonete favorita, convidar um amigo para dormir em casa ou qualquer outra coisa que seja especial e não conseguida normalmente. Algumas famílias usam dinheiro: cada ponto vale dez ou vinte centavos, dependendo da idade da criança.

Para ganhar os prêmios diários e semanais, estabeleça um objetivo de oitenta por cento dos pontos máximos. São necessários sete pontos para uma recompensa diária e cinqüenta para a semanal. Depois de três ou quatro semanas, aumente o objetivo esperado para noventa por cento (oito pontos diariamente, cinqüenta e sete semanalmente). É melhor não estabelecer cem por cento como um objetivo. Qualquer comportamento negativo logo no início do dia ou da semana destrói todas as esperanças de um prêmio, e, então, a criança logo desiste.

Combine esses prêmios com seus filhos. Deixe-os participar na seleção dos que parecem mais significativos para eles. Isso também é verdadeiro para a *recompensa especial*. Tente encontrar algo não só realista como especial — uma ida a um parque de diversões, uma nova bicicleta, um disco especial, um estéreo ou um rádio. Não exagere, mas faça-a valer o esforço. Selecione um número razoável de pontos como objetivo, assegurando-se de que vão ser necessárias três a cinco semanas para atingir esse número. Por exemplo, quando seu filho conseguir duzentos e vinte e cinco pontos, você contribuirá com a metade do preço da bicicleta. Seu filho terá de economizar ou ganhar a outra metade do preço ou esperar pela próxima ocasião em que consiga esses pontos para receber a outra metade.

Lembre-se, esse plano é para todos. Negocie com cada criança ou adolescente. Não será justo a não ser que todos eles sejam recompensados por seu comportamento positivo.

Agora, para o conceito de *isolamento*. Antes de começar, defina os comportamentos que são tão inaceitáveis — bater nas pessoas, xingar, por exemplo — que vão resultar na remoção da criança de junto da família por um tempo limitado. Faça a lista curta. Tais comportamentos não só resultam na perda de um ponto naquela unidade de tempo, como também significam um isolamento por quinze minutos. Esse tempo é para pensar quietamente no que aconteceu e por que ele foi mandado ficar só. Você pode mandar a criança para o quarto dela, se puder retirar TV, rádio, estéreo, jogos ou outras distrações agradáveis. Ou você pode usar a lavanderia, um quarto extra, ou algum outro lugar que seja fácil de isolar e que não ofereça nenhuma oportunidade de diversão. A porta deverá ser fechada e a criança deverá ficar quieta. Cada vez que ela abrir a porta, gritar ou jogar coisas pelo quarto, o tempo voltará a zero e os quinze minutos começarão de novo. Alguns pais usam um relógio de cozinha que pode ser regulado e mudado e que toca uma campainha quando termina o tempo. Se você acha que seu filho recusará ir para o quarto e ficar lá, deve procurar o auxílio de um profissional de saúde mental para imaginar uma nova orientação inicial.

Você pode usar isolamentos também fora de casa. Se está em um restaurante, use o carro. Se estiver fazendo compras, encontre um lugar para sentar a criança e diga-lhe que voltará em quinze minutos.

O sistema de *pontos ganhos/isolamento* deve ser planejado com antecedência, de preferência por toda a família. Se a criança ou o adolescente que a está preocupando se recusa a participar, sente-se com todos os outros e faça seus planos. Diga à criança que ela é bem-vinda para se juntar ao grupo, mas está certo recusar-se — o resto da família simplesmente planejará para ela.

Para o plano funcionar, é necessário que você seja precisa nas expectativas, comportamentos, recompensas e conseqüências. Deve ser correta, manter bons registros e ser firme. Pode ser difícil no princípio. A criança vai encontrar qualquer falha no sistema. Mas insista no plano e faça todas as revisões necessárias, que você vai ver a diferença. Premiar comportamentos que você quer, em vez de punir os que não quer, vale a pena.

Planos adicionais

À medida que você progride, pode ampliar esse sistema básico. *Discussões de aprendizagem*, por exemplo, são conversas entre você e a criança ou o adolescente que tenha a dificuldade. Inicialmente, é melhor realizá-las depois do ocorrido. Houve uma discussão, ou uma briga, ou uma gritaria e você mandou seu filho para o quarto. Mais tarde no dia, ou antes da hora de dormir, sente-se com o garoto em um lugar quieto, sem ninguém perto e discuta o que aconteceu, só os dois. "Fred, estou triste de você ter dado tanto trabalho esta tarde. Eu amo você e não gosto de ficar zangada com seu comportamento ou de ter de isolar você da família. O que você pensa ser possível fazermos para essas coisas pararem de acontecer? "Deixe-o falar. No princípio, você pode ouvir apenas acusações enraivecidas de "parcialidade". Fred culpa todos, exceto ele mesmo. Tente compreender como o menino viu e sentiu as coisas e sugira comportamentos alternativos. "Não sei se seu irmão estava implicando com você antes de você bater nele, ou não. Eu não estava lá. Mas vamos supor que ele tenha implicado com você. Que outra coisa você poderia fazer? Batendo nele, você se meteu em dificuldades e ele não. Deve haver uma melhor solução. Talvez você pudesse vir dizer-me o que ele estava fazendo!" Se vocês dois chegarem a uma solução, siga-a rigorosamente. Seu filho pode estar enraivecido demais, a princípio, para entender o que você está dizendo. Mas você iniciou uma forma de pensar e de partilhar a solução dos problemas. Em breve seu filho vai se juntar.

Quando essa orientação estiver estabelecida, tente, sempre que possível, ter essas discussões de aprendizagem antes de o problema acontecer. "Fred, você e eu sabemos que você continua a brincar com seu irmão e que, quando começar a implicância, vai haver uma briga. Você se lembra do que conversamos? O que mais podemos fazer?" Ou: "Alice, você está me forçando a agir como um policial e a gritar com você ou puni-la. Não gosto disso. Eu preferiria estar com você do que gritando ou punindo você. Por que você me força a ser como um policial? Lembra-se do que nós conversamos na noite passada?"

Você ficará surpresa ao ver como seu filho se abre e se tornará disponível para conversar sobre o seu comportamento. Ele pode também aprender ao ouvir você discutir abertamente seus sentimentos e pensamentos. Deixe seu filho ver como você se sente — enraivecida, triste, medrosa, preocupada — e como você trata esses sentimentos.

Se está com raiva, diga-o. "Estou com tanta raiva, agora, com o que você fez que não posso falar com você. Vou para o outro quarto para me acalmar. Depois nós falaremos." Não só você vai se ajudar, como estará dando ao seu filho um modelo de como tratar a raiva.

É importante ter um modelo aceitável de expressar os sentimentos. Muitas famílias são rápidas em dizer aos filhos como eles podem *não* mostrar raiva ou tristeza, mas não lhes ensinam maneiras aceitáveis de mostrar esses sentimentos. A raiva é um sentimento normal e as crianças devem aprender a manejá-lo aceitavelmente. Isso variará de família para família. As crianças podem gritar, contanto que não xinguem? Podem bater com os pés, contanto que não quebrem coisas? Cuidado com mensagens confusas. Quando o papai fica com raiva, ele grita e atira coisas. Mas quando seu filho fica com raiva e imita o comportamento do pai, você reclama.

Sejamos honestos: a maioria das famílias tem regras diferentes para adultos e para crianças. Seja como for, você deve auxiliar o seu filho a aprender maneiras aceitáveis de expressar seus sentimentos, apropriadas às suas condições na família.

Controlando os serviços

Pode ser necessário esclarecer o que se espera de cada membro da família. Em muitas famílias, cada um se convence de que deve ajudar e ninguém precisa ser lembrado. Em sua família, se não é assim, se as pessoas não dividem o trabalho de casa, ou se você tem de estar lembrando constantemente, você tem de tratar do problema.

Faça uma lista de todos os encargos individuais e de família. Cada um tem de colocar as roupas sujas no armário correspondente, fazer sua própria cama, apanhar coisas do chão do quarto e assim por diante. Obrigações da família podem ser arrumar a mesa, limpá-la, encher ou esvaziar a máquina de lavar, aspirar a casa etc. Ponha a lista das obrigações individuais em um lugar bem visível, na porta do refrigerador ou num quadro de avisos na cozinha, por exemplo, com instruções bem claras. Essas obrigações não são necessariamente recompensadas, elas são *esperadas*. Se não forem executadas, você deve estabelecer conseqüências rigorosas. Pode negociá-las com as crianças, mas *você* tem as decisões finais. Seja exata — a cama de Adriana deve estar feita antes que ela vá para a escola; Aaron deve pôr a mesa antes das seis horas da tarde.

As obrigações de família são participadas. As brigas normalmente começam quando uma criança pensa que tem mais serviço para fazer que os outros. Organize um plano específico, prepare um calendário e coloque em lugar visível para todos. Por exemplo:

Pôr a mesa; tirar a louça	Mary: dias pares Billy: dias ímpares
Limpar a mesa; lavar a louça	Mary: dias ímpares Billy: dias pares
Aspirar todo o primeiro andar	Mary: 1.ª, 3.ª e 5.ª semanas Billy: 2.ª e 4.ª semanas
Tirar as roupas do secador e colocar nos quartos de cada um	Mary: 2.ª e 4.ª semanas Billy: 1.ª, 3.ª e 5.ª semanas

As conseqüências de não fazer essas obrigações devem obedecer o estilo da família. Eis duas maneiras possíveis de estabelecê-las. Você pode criar outras, ou um profissional pode ajudá-la a organizar isso.

O "Serviço da Empregada"

Estabeleça os serviços dos pais que não são realizados gratuitamente. Se algumas obrigações dos filhos não são feitas no tempo determinado, você as fará, mas não de graça. Estabeleça um custo, digamos vinte e cinco centavos por cama ou cinqüenta cruzados para arrumar o quarto. Não discuta nem lembre. Se a obrigação não for feita em tempo, faça-a pela criança e apresente a conta. Tire o dinheiro da mesada ou do presente de aniversário ou das economias. Isso funciona para muitas crianças e adolescentes. Uma conta, e eles vão pensar duas vezes sobre "esquecimento".

A "Caixa do Domingo"

Coloque uma caixa em um lugar seguro, um armário que possa ser trancado, por exemplo. Fique certa de que todas as coisas deixadas onde não deviam estar — brinquedos, bicicletas, livros, papéis, bolas, roupas, casacos, sapatos — depois de uma hora predeterminada do dia serão colocadas na caixa (ou no armário), que será esvaziada na manhã de domingo. Isto significa que, se o jogo preferido de uma criança, ou sua bicicleta, for deixado fora do lugar, está perdido para ela até domingo. Este modelo não funciona para roupas que são necessárias diariamente, e você pode contornar isso cobrando uma multa para devolver tais objetos antes de domingo. Uma mãe achou esse sistema tão bom que colocou o marido também no plano, e funcionou para ele também.

Você pode estabelecer serviços caseiros que seus filhos podem fazer para ganhar um dinheiro extra — cortar a grama, lavar roupas, lavar o chão da cozinha, limpar a garagem, por exemplo. Se seus filhos lhe devem algum dinheiro pelo "serviço de empregada", ou por qualquer outro motivo, ofereça-lhes esses serviços para que eles possam ganhar o dinheiro necessário para lhe pagar. (Este é também um modo de eles ganharem dinheiro para eles mesmos.)

Controlando danos à propriedade

Como você pode controlar comportamento que resulte em danos à propriedade — mobília quebrada, portas, paredes, propriedades de outras pessoas? Seu filho atira um copo e quebra-o. Sua filha fica com raiva e quebra o brinquedo de outra criança. Primeiro, dependendo do plano de sua família, a criança deve perder pontos ou ficar algum tempo em seu quarto. Mas isso não é suficiente para cessar o comportamento. A criança deve pagar para reparar ou substituir o objeto. O dinheiro pode vir de uma mesada (prestações a cada semana se a dívida for grande) ou de uma conta de economias, ou a criança pode fazer os serviços de casa que você organizou para fazê-la ganhar dinheiro. Na primeira vez que sua filha ficar com raiva, jogar no chão um abajur e o quebrar, e depois vier a saber que lhe custará cinqüenta cruzados, ela pensará duas vezes sobre esse comportamento no futuro. E esse é o nosso objetivo — fazer com que a criança pense antes de agir, pense nas conseqüências de cada comportamento, e então selecione o mais aceitável e menos doloroso.

Além disso, irmãos e irmãs que tinham tido de viver com coisas quebradas ou amassadas, vêem agora que suas coisas são substituídas. Eles ficarão querendo cooperar muito mias com seu plano do que brigando ou se vingando, quando eles percebem que você cobra as conseqüências.

Controlando vadiagem

O que você pode fazer se seu filho sonha acordado ou apenas fica brincando quando devia estar se vestindo ou despindo ou acabando uma tarefa — enfim, quando fica vadiando? Em primeiro lugar, não se coloque na posição de lembrar, resmungar, gritar, berrar, e, depois, com raiva, fazer a tarefa da criança. Tudo que isso faz é ensinar à criança que pode se livrar daquilo ou conseguir fazer com que você se descontrole. Em seguida, você deve ter organizado conseqüências claramente definidas e rigorosamente cobradas. Os exemplos seguintes podem sugerir alguma coisa que corresponda a seu filho e à sua família.

Sua filha mais nova nunca se veste em tempo. Quando a hora do ônibus escolar está próxima e ela ainda não comeu, você vai ao quarto dela, briga com ela, depois veste-a rapidamente para que ela ainda possa comer e ir para a escola em tempo.

Você pode organizar o seguinte plano com a direção da escola e com o motorista do ônibus. Digamos que o ônibus chegue às 7h55min. da manhã. Avise que o café será servido das 7h15min às 7h45min apenas e só será fornecido se a criança estiver vestida. Às 7h50min, quietamente apanhe todas as roupas que ela ainda não pôs e coloque-as em uma maleta, embrulhe sua filha em um roupão ou casaco e leve-a para o ônibus, com pijama e tudo. O motorista, tendo sido alertado, sorri e diz alô. Se ela chegar à escola ainda sem ter se vestido, a professora calmamente lhe diz para ir ao banheiro e se vestir, para então vir para a sala. Ela não vai morrer por ficar sem o café, mas ficará chocada e embaraçada. Ela também mudará o comportamento e livrará você de sua missão de policial e camareira.

Esta orientação também funciona em outras situações. Na hora de dormir, seja de pijama ou ainda com as roupas de sair, ponha a criança na cama e apague a luz. Quando a família está saindo para um cinema ou uma visita ou para compras, e a criança não está pronta no devido tempo, deixe-a com o resto da família. Se ela não pode ficar só, chame uma acompanhante para que você possa cumprir seu plano. Uma vez chamada a acompanhante, é muito tarde para mudar de planos. Mais uma vez, depois de uma ocasião ou duas de não partilhar a diversão da família, em vez de controlá-la e estragar o prazer de todos, a criança perceberá a mensagem: "Acabe suas tarefas em tempo ou aceite as conseqüências. Você sai perdendo, não nós."

RESUMO

Um dos objetivos importantes da psicoterapia é encorajar o paciente a mudar padrões de comportamento inaceitáveis e tentar novos, mais realizáveis, que terão mais sucesso a menor custo. A criança pode muito bem estar recebendo alguma espécie de terapia individual — e você pode estar na terapia familiar — agindo para conseguir tais fins.

Atuar em casa para encorajar na criança comportamentos desejáveis, em vez de punir ou, inadvertidamente, estar apoiando comportamentos censuráveis, de maneira nenhuma interfere em qualquer outro tratamento. Se você está insegura, procure o profissional de saúde mental que seu filho está vendo e consiga seu encorajamento, auxílio e conselho.

As orientações que tracei aqui — ou suas próprias variações — só surtirão efeito, contudo, se você organizar seu plano com antecedência, educar a família toda no que ele consiste e o que é suposto conseguir e, rigorosamente, *segui-lo.* A técnica é trabalhosa, mas garante-se que resultará numa família mais feliz, que funcione melhor.

14
AS TERAPIAS CONTROVERSAS

Não sabemos muita coisa a respeito de vários aspectos dos distúrbios de aprendizagem, Hiperatividade e Déficit de Atenção. Apresentei as diversas orientações para o tratamento. Orientações mais controvertidas, menos aceitáveis, também existem. A controvérsia sobre muitos desses tratamentos se relaciona com a teoria básica do tratamento; sobre outros, refere-se a como o tratamento é usado.

Os planos de tratamento aceitáveis levam longo tempo e muito trabalho. O treinamento de crianças — e dos pais — para compensar problemas, enquanto são reinstruídos em como aprender melhor e desenvolver habilidades, é um processo lento, laborioso. Posso entender que você queira tentar quase todas as orientações que possam dar resultados melhores e mais rápidos. Mas você tem de ser um consumidor inteligente. Antes de se empenhar, e especialmente o seu filho, em qualquer orientação, nova ou diferente, faça perguntas. Seu médico ou uma das organizações mencionadas no Apêndice pode dar-lhe mais informações.

ORIENTAÇÕES NEUROFISIOLÓGICAS

Estas orientações neurofisiológicas têm como premissa básica a noção de que alguma área de atividade do sistema nervoso não está funcionando devidamente. Elas supõem que, estimulando certos impulsos para o cérebro, exercitando padrões musculares específicos ou corrigindo quimicamente o sistema disfuncional, a função cerebral melhorará.

Reorganização neurológica

Você provavelmente conhece alguma família que tem o filho em uma rotina de engatinhar e outros exercícios. Essas rotinas devem ser praticadas regularmente e um grupo de vizinhos se apresentou voluntário para ajudar. Talvez você tenha pensado nessa orientação para seu filho. A padronização tem sido sugerida como um tratamento para distúrbios de aprendizagem.

A teoria e as técnicas de "padronização" foram inicialmente desenvolvidas por Robert Doman e Carl Delacato. Eles sugeriram que o fracasso em passar apropriadamente através de uma certa seqüência de estágios de desenvolvimento em movimento, linguagem e competência nas áreas manual, visual, auditiva e tátil refletia fraca organização neurológica e que a fraca organização pode indicar dano cerebral. Tal como descrito por Doman e Delacato, a padronização atinge "o próprio cérebro ao colocar no sistema sensorial aferente. . . todos os estímulos normalmente fornecidos pelo ambiente (da criança), mas com tal intensidade e freqüência que arranca, finalmente, uma resposta dos sistemas motores correspondentes". Em casos de dano cerebral mais severos, padrões de movimento passivos são impostos com o objetivo de reproduzir as atividades normais que a área cerebral prejudicada produziria se não tivesse sido danificada.

Além desses métodos de manipulação, outras técnicas de padronização incluem estímulo sensorial; inspirar novamente o ar expelido, usando uma máscara facial plástica, aumenta a capacidade respiratória e estimula a ida do sangue para o cérebro; e restrição de fluidos, sal e açúcar faz decrescer a produção do fluido cerebral (fluido cerebrospinal) e a irritabilidade do cérebro.

A Academia Americana de Pediatria, a Academia Americana de Paralisia Cerebral, a Associação Unida de Paralisia Cerebral do Texas e a Associação Canadense das Crianças Retardadas publicaram declarações expressando preocupação sobre a eficácia dessa forma de terapia. Minha própria opinião é de que as orientações de padronização não fazem nada para ajudar distúrbios de aprendizagem, Hiperatividade ou Dificuldade de Atenção.

Treinamento Optométrico

As opiniões sobre o treinamento optométrico diferem, em parte, sobre a teoria básica e, por outro lado, sobre as aplicações do tratamento.

Oftalmologistas, isto é, médicos especializados em doenças oculares, acreditam que quando uma criança ou um adolescente é levado a eles, devem ser feitas verificações de problemas com a visão — miopia, hipermetropia, astigmatismo e outros — e com o desequilíbrio do músculo ocular e de qualquer doença dos olhos. Se encontram qualquer desses problemas, prescrevem o tratamento. Se não encontram nenhum desses problemas, acreditam que a criança deve ser levada a um educador especial ou algum outro especialista apropriado, para tratamento de seus distúrbios de aprendizagem.

Os optometristas têm grau de doutor em escolas profissionais de optometria, mas não são médicos. Tratam dos mesmos problemas que os oftalmologistas. Mas, depois de resolver problemas ou tratá-los, muitos optometristas acreditam que podem também tratar os distúrbios de aprendizagem.

A maioria dos optometristas avalia as capacidades visuais da criança e pode prescrever óculos ou o uso de treinamento visual ou técnicas de treinamento do músculo do olho se forem indicadas. Outro grupo de optometristas usa uma orientação de desenvolvimento visual e acredita na possibilidade de uma maior participação do optometrista nos problemas de aprendizagem. Eles consideram que a aprendizagem em geral e a leitura em particular exigem altos níveis de percepção visual. Mostram que os processos de percepção visual são também relacionados com a coordenação motora sensorial da criança. Para corrigir problemas de percepção visual, empregam uma ampla variedade de técnicas de treinamento educacional e de percepção motora sensorial, numa tentativa de corrigir problemas educacionais em crianças. São os optometristas que têm trabalhado com crianças com distúrbios de aprendizagem.

A Academia Americana de Pediatria, a Academia Americana de Oftalmologia e Otolaringologia e a Associação Americana de Oftalmologia apresentaram uma declaração conjunta criticando essa orientação. Esse comunicado conjunto enfatiza a necessidade de uma orientação multidisciplinar para os distúrbios de aprendizagem. Nenhum profissional pode avaliar e tratar a criança inteira. A declaração esclarece, em seguida, que não há defeitos periféricos do olho que possam produzir dislexia e distúrbios de aprendizagem associados. Minimiza o efeito do treinamento de organização visual ou neurológica como os optometristas o usam. Declara que óculos não têm valor para o tratamento de problemas de aprendizagem, exceto onde houver um problema visual. E conclui que o tratamento dos distúrbios de aprendizagem é principalmente para o educador especial. A posição integral da Academia Americana de Oftalmologia pode ser obtida escrevendo para ela (o endereço está mencionado no Apêndice).

Essa controvérsia entre oftalmologistas e optometristas é uma das muitas discórdias entre os pais quando eles tentam decidir o que é melhor para seu filho.

Você, sem dúvida, vai ouvir certos pontos de vista, e outros contrários a estes, em ambos os lados da cerca, mas tem de se decidir. Minhas próprias preocupações com os optometristas que tentam o tratamento total dos distúrbios de aprendizagem vêm dos meus conceitos de tratamento. Creio que a orientação de uma equipe deve ser usada para avaliar crianças com distúrbios de aprendizagem. Se apenas um optometrista vê uma criança ou um adolescente, essa pessoa pode identificar distúrbios de percepção visual ou viso-motora, mas não pode testar distúrbios auditivos ou de linguagem. Acho, também, que deveria ser providenciado um auxílio em um ambiente educacional que fosse relacionado a tarefas educacionais.

Terapia de integração sensorial

Muitos terapeutas ocupacionais atuam em certos tipos de distúrbios de aprendizagem fazendo a criança ou o adolescente realizar exercícios. Mas alguns terapeutas podem tentar estimular os mecanismos de equilíbrio do corpo, chamados "sistema vestibular", com certos exercícios, usando gotas no ouvido ou cadeiras giratórias. Podem estimular "sensações táteis", usando panos ou escovas esfregados na pele. Este processo é chamado "estímulo somatossensorial". As duas últimas orientações são baseadas na pesquisa da Dra. A. Jean Ayres.

A pesquisa da Dra. Ayres sugere que a capacidade do cérebro de reagir a processos visuais e auditivos depende do poder do tronco cerebral de organizá-los. Se o tronco cerebral é inadequado para organizar esses processos integrativos sensoriais, a pessoa pode ter distúrbios de aprendizagem. Os dados da pesquisa indicam que alguns problemas são rigorosamente observados em crianças com distúrbios de aprendizagem. Esses problemas, que podem ser relacionados em termos de inadequada integração sensorial no tronco do cérebro, incluem: controle muscular imaturo, orientação visual no espaço ambiental pouco desenvolvida, dificuldade do processamento de percepção do som e uma tendência para a distração.

A Dra. Ayres propõe que uma entrada sensorial cuidadosamente controlada possa ser introduzida através dos sistemas vestibular e somatossensorial. Estímulo graduado como esse, ela acredita, aumenta a capacidade do cérebro para integração intersensorial. Isso permite interconexões melhoradas entre os sentidos vestibular e tátil e as entradas visual e auditiva. Os modelos de terapia baseados nesses conceitos sugerem que o estímulo vestibular ajuda a retificar os problemas auditivos de linguagem de crianças com distúrbios de aprendizagem.

Tenho a mesma preocupação com os terapeutas ocupacionais que praticam essa orientação isoladamente, como tenho com alguns optometristas. Mais uma vez, acredito que a avaliação *de uma equipe* é necessária. Um terapeuta ocupacional pode diagnosticar os distúrbios motores de uma criança, mas não testar outras áreas de possível distúrbio de aprendizagem. Como integrante de uma equipe, o terapeuta ocupacional pode desempenhar um importante papel no diagnóstico e nos esforços de tratamento, mas as intervenções estão mais relacionadas com tarefas educacionais.

Disfunção vestibular-cerebelar

Em 1981, o Dr. Harold Levinson publicou um livro sugerindo que algumas formas de dislexia são causadas pela disfunção nos caminhos dos nervos e em interações entre o sistema de equilíbrio, ou vestibular, no ouvido e no cerebelo, a parte do cérebro que coordena o equilíbrio. Enfatiza que esse distúrbio pode ser corrigido usando medicações tais como as usadas para doenças de movimento. Relata que a dislexia melhora ou desaparece nos pacientes sob essa medicação.

Li o livro. Levinson cita sua pesquisa, mas a maior parte dela ainda não foi publicada em revistas científicas e ainda não foi possível testar seus resultados com outras pesquisas. Por enquanto, não há evidência de que esta orientação esteja correta. A pesquisa para provar ou contestar a teoria e o tratamento ainda está por ser feita.

ORIENTAÇÃO ORTOMOLECULAR

A medicina ortomolecular é definida como o tratamento de problemas pelo fornecimento do ótimo ambiente molecular para a mente, especialmente as ótimas concentrações de substâncias normalmente presentes no corpo humano. Algumas orientações de tratamento ortomolecular têm sido sugeridas para a criança com distúrbios de aprendizagem.

Megavitaminas

O uso de doses maciças de vitaminas para tratar problemas emocionais e do pensamento começou com o tratamento da esquizofrenia. Um pesquisador, Dr. Humphrey Osmond, sugeriu que a esquizofrenia era causada por um colapso de certos agentes químicos normalmente encontrados no cérebro. Então, o Dr. Abram Hoffer e o Dr. Osmond propuseram que a administração de grandes quantidades de certas vitaminas B poderia cessar esse colapso inadequado.

Até o momento, nenhum estudo bioquímico documentado em pacientes esquizofrênicos confirmou a teoria proposta por Hoffer e Osmond. Um estudo de cinco anos, realizado pela diretoria da Associação Canadense de Saúde Mental, exprimiu, veementemente, que esse tratamento não teve efeito terapêutico. Depois de rever a história e a literatura relativas a esse assunto, os membros de um grupo da Associação Americana de Psiquiatria concluíram em seu relatório, "Megavitaminas e terapia ortomolecular na psiquiatria", que não há uma base válida para o uso de megavitaminas no tratamento dos problemas mentais. A Academia Americana de Pediatria também relatou não haver validade para esse conceito.

O Dr. Allan Cott escreveu o primeiro documento sugerindo o tratamento com megavitamina para crianças com distúrbios de aprendizagem, em 1971. Sua conclusão de que megavitaminas podem ajudar essas crianças não foi confirmada por outras pesquisas. Apesar desses resultados negativos, a orientação permanece popular.

Traços de elementos

Alguns agentes químicos existem em nosso corpo em quantidades muito pequenas, chamados "traços de elementos". Incluindo cobre, zinco, manganês, magnésio e cromo, além de outros mais comuns, tais como cálcio, potássio, sódio e ferro, são nutrientes necessários — isto é, sua presença é essencial para a manutenção da função fisiológica normal.

Em muitas partes dos Estados Unidos, crianças são tratadas com esses elementos, substituindo a terapia, mas não temos pesquisas que mostrem que um tal tratamento pode corrigir distúrbios de aprendizagem.

Hipoglicemia

O termo "hipoglicemia" refere-se a uma situação clínica em que o açúcar do sangue está em um nível abaixo do normal. Outra orientação ortomolecular para os distúrbios de aprendizagem os considera como secundários à hipoglicemia. O tratamento, então, é colocar a criança sob dieta para hipoglicêmicos — seis ou mais pequenas refeições por dia, com um mínimo de carboidratos em cada uma. Contudo, não temos pesquisa ou evidência de qualquer espécie que estabeleçam a hipoglicemia como uma causa dos distúrbios de aprendizagem.

Já vi crianças fazendo dietas hipoglicêmicas porque seus pais leram a respeito delas, ou porque alguém, que não era médico, as recomendou. Não use esse tratamento a não ser que um médico tenha feito um teste de tolerância de glicose para confirmar que seu filho é verdadeiramente hipoglicêmico.

Reações alérgicas

Várias pesquisas sugeriram que alguns tipos de distúrbios de aprendizagem podem advir de uma sensitividade alérgica do sistema nervoso central a determinadas comidas. Discutem procedimentos de teste específico para estabelecer isso como um possível fator. O relacionamento entre as alergias a comidas e distúrbios de aprendizagem está ainda sob pesquisa.

Você pode encontrar profissionais que estejam convencidos de que as alergias a comidas causam distúrbios de aprendizagem e outros que não concordam. Até que sejam feitas mais pesquisas, você deve usar seu julgamento para tentar essa orientação.

Aditivos alimentares: corantes, condimentos e conservantes

Em 1975, o Dr. Benjamin Feingold publicou um livro chamado *Por que seu filho é Hiperativo*, no qual propôs que condimentos sintéticos e corantes na dieta relacionavam-se com a hiperatividade. Ele e seu livro receberam grande publicidade. Feingold relatou que a eliminação de comidas contendo corantes e condimentos artificiais, assim como salicilatos e determinados aditivos, cessava a hiperatividade. Baseava sua tese em experiência clínica. Esperando que Feingold pudesse estar com a razão, mas necessitando de provar ou contestar sua teoria, vários grupos de pesquisa começaram a estudar o problema. Basicamente realizaram dois diferentes tipos de estudos clínicos. Um usava uma técnica de cruzamento dietético; o outro, uma orientação de desafio específico.

Nos *estudos de cruzamento de dietas*, as crianças Hiperativas recebiam, por acaso, primeiro, ou a dieta com eliminação de aditivos ou uma dieta de controle — isto é, normal — depois mudavam para a outra dieta. Os resultados foram ambíguos. Foi observada uma melhora no comportamento de poucas crianças por suas professoras, mas apenas quando a dieta de controle era dada em primeiro lugar e, depois, a de eliminação. Não foi observada nenhuma melhora quando a ordem era revertida.

Os pesquisadores resumiram seus resultados pela conclusão de que pode haver um subgrupo de crianças Hiperativas, particularmente as mais jovens, que respondem a algum aspecto da dieta de eliminação, mas, ou esse grupo é muito pequeno ou a eficiência da dieta é muito menos dramática e previsível que os relatórios anteriores haviam descrito.

A imprecisão dos estudos cruzados mostrou a necessidade de uma orientação de pesquisa diferente. A estratégia foi mudada, em vez de verificar a eficácia geral da dieta de eliminação total, considerou-se o envolvimento dos corantes e condimentos específicos com as crianças Hiperativas. Nesse *projeto de desafio específico*, as crianças eram mantidas na dieta de eliminação de Feingold durante todo o estudo. Periodicamente, davam-lhes — a frase para isso é "eram desafiadas" — comidas que continham um agente químico supostamente ofensor, corantes artificiais, por exemplo. Os pesquisadores notavam, então, se o estado de Hiperatividade era diminuído ou agravado por esse desafio. O grupo que usou essa orientação concluiu:

1. Parece haver um subgrupo de crianças com distúrbios de comportamento (Hiperatividade) que responde a alguns aspectos da dieta de Feingold. Contudo, os estudos clinicamente controlados indicam que esse grupo ou é pequeno ou essa resposta é muito menos dramática e previsível do que originariamente se suspeitava.
2. Com notáveis exceções, a eliminação específica de corantes alimentares sintéticos da dieta não parece ser um fator de maior importância nas respostas relatadas sobre a maioria dessas crianças.

O que significa tudo isso? Os resultados desse esforço de cinco anos de vários centros de pesquisa sugerem que muitas das crianças Hiperativas estudadas melhoraram por causa do efeito "placebo" da dieta. Em outras palavras, o interesse e a atenção extra dados às crianças causaram as melhoras. Um pequeno grupo de crianças, possivelmente de três a cinco por cento, ficou realmente muito irritado e hiperativo alguns minutos depois de ser desafiado com alguns aditivos alimentares. Esse comportamento durou de vinte a trinta minutos.

Direi novamente. Vocês devem ser consumidores informados, inteligentes. Não recomendei a dieta, mas não desencorajarei qualquer pai ou mãe que queira tentá-la.

quinta parte

Aspectos Legais

15

ASPECTOS LEGAIS DE IMPORTÂNCIA PARA OS PAIS

Felizmente para seu filho e para vocês, hoje há leis que determinam que os sistemas escolares providenciem serviços para crianças com distúrbios de aprendizagem. Não foi sempre assim. Antes de 1975, cerca de metade das crianças incapacitadas dos Estados Unidos não podia receber uma instrução apropriada. Cerca de um milhão eram excluídas inteiramente do sistema escolar público. Para a criança com distúrbios de aprendizagem a situação era pior — cerca de noventa por cento não eram nem identificadas.

Essas leis, porém, não garantem automaticamente que a criança ou o adolescente vai receber os programas educacionais de que necessita. Como tenho observado várias vezes, você tem de ser um *consumidor informado* e um *advogado assertivo*: você deve conhecer as leis e seus direitos, e então deve agir ativamente com a escola, insistindo nesses direitos. O pessoal da escola se preocupa com a educação de *todos* os estudantes. Você se preocupa especialmente com a educação de *seu* estudante.

Que leis são essas? O que elas significam para seu filho? O que você deve saber e fazer para garantir o melhor auxílio que você pode talvez receber? O que você pode fazer se não estiver satisfeita com o esforço da escola? Deixe-me tentar responder a essas questões.

PÁTRIO PODER

A maior fôrça propiciadora da legislação atual foi um movimento de "consumidores" orientado por organizações de pais de crianças incapacitadas. Posteriormente, as próprias pessoas incapacitadas se juntaram nesse esforço. Eles apontaram a falta de uma educação pública apropriada e a exclusão de crianças ou adolescentes de programas ministrados pelo sistema de educação pública.

Na década de 1960, vários grupos de pais, cujos filhos tinham diferentes incapacidades, usaram publicidade, correspondência em massa, comícios e outras técnicas bem organizadas de formação de opinião para pressionar os governos estaduais. Queriam leis que criassem oportunidades educacionais para os incapacitados não apenas eficazes, mas mandatórias. A maioria dos estados respondeu com legislação, alguns mais que outros. Alguns estados não fizeram nada. A maior parte dos governos estaduais mais progressistas promulgou as leis, mas não providenciou fundos necessários para o material ou profissionais treinados para levar avante seu intento. A atenção desses grupos de pressão voltou-se, então, para a elaboração de uma lei federal que pudesse ter impacto em todos os estados.

Em 1971, a Associação da Pensilvânia para Cidadãos Retardados iniciou uma ação judicial naquele estado envolvendo pela primeira vez diretamente o governo federal nessas questões. Citando as garantias constitucionais de processar devidamente e a igual proteção perante a lei, argumentaram que o acesso das crianças retardadas à educação pública devia ser igual ao de outras crianças. O tribunal concordou. Um ano depois, o Tribunal Federal do Distrito de Colúmbia fez uma lei semelhante, envolvendo não só os mentalmente retardados mas outros com uma ampla variedade de incapacidades. Essa decisão de 1972 estabeleceu dois precedentes principais, críticos para o progresso futuro: (1) crianças incapacitadas têm o direito a uma "educação apropriada, publicamente apoiada, sem distinção do grau de distúrbio ou dano mental, físico ou emocional da criança"; e (2), referindo-se ao financiamento, "se não houver fundos suficientes disponíveis para financiar todos os serviços e programas que são necessários e desejáveis... os fundos disponíveis serão gastos eqüitativamente de tal maneira que nenhuma criança seja inteiramente excluída de uma educação com apoio público". Mais de quarenta questões judiciais como essa foram ganhas por todos os Estados Unidos após essas duas decisões memoráveis.

Essas ações judiciais tiveram também uma profunda influência na legislação federal. A Lei de Reabilitação de 1973, referida como a "Lei dos Direitos Civis dos Incapacitados", proíbe a discriminação com base em incapacidades físicas ou mentais em todos os programas apoiados pelo governo federal. A educação pública, logicamente, recebe assistência federal. O Artigo 504 dessa lei trata dos direitos dos indivíduos a esses programas e tem sido a pedra fundamental das exigências dos pais e de numerosas ações judiciais bem-sucedidas. Os assuntos mais importantes desse artigo são:

1. Como candidatos a emprego ou empregados, pessoas incapacitadas têm os mesmos direitos e devem ser-lhes garantidos os mesmos benefícios que aos candidatos e empregados não incapacitados.
2. Têm o direito a todos os serviços médicos e instrução relacionada com a medicina que estiver disponível ao público em geral.
3. Têm o direito de participar de reabilitação vocacional ou qualquer outro programa do serviço social que estiver recebendo ajuda federal, em igualdade de condições com os não incapacitados.
4. Têm direitos iguais de ir para a faculdade ou de se inscrever em um treinamento de emprego ou em programas de educação básica pós-segundo grau para adultos. A seleção deve ser feita com base nos registros escolares e o distúrbio não pode ser um motivo. (Se uma pessoa tem distúrbio de aprendizagem, os procedimentos do teste padrão de entrada, o Teste de Aptidão Escolar, por exemplo, podem ser modificados e os padrões de admissão podem ser baseados no potencial assim como no desempenho passado.)
5. Os distritos escolares locais e estaduais devem providenciar uma educação de primeiro e segundo graus para todos os estudantes incapacitados.

Esta última parte do Artigo 504 tornou-se a base da Lei 94-142, a "Lei da Educação para Todas as Crianças Incapacitadas", que foi aprovada esmagadoramente na Câmara de Representntes e no Senado e promulgada em novembro de 1976. Essa legislação marcante coroava um esforço heróico começado por alguns pais, que se juntaram a outros para formar organizações, as quais, então, trabalhavam juntas para agir com sucesso para as necessidades de seus filhos. A lei é única em vários aspectos. Não há data de expiração — é considerada permanente. Faz mais que apenas expressar uma preocupação com crianças incapacitadas, exige um compromisso específico. A lei estabelece como política nacional a proposição de que a educação deve ser estendida às pessoas incapacitadas *como um direito fundamental.*

Graças a esses pais, o direito da pessoa com distúrbio de aprendizagem a uma boa educação está, agora, garantido por lei. O desafio dos pais de hoje é insistir na transformação dessa promessa em realidade.

LEI 94-142: LEI DA EDUCAÇÃO PARA TODAS AS CRIANÇAS INCAPACITADAS

Como essa lei é muito importante para você, deixe-me primeiro explicar o que ela inclui e, então, sugerir como você pode trabalhar dentro dessa lei para ser um advogado para sua criança ou seu adolescente.

Crianças incapacitadas são definidas como mentalmente retardadas, ouvindo mal, mudas, com problemas de linguagem, dificuldades visuais, seriamente perturbadas emocionalmente, com problemas ortopédicos ou outros problemas, e *crianças com distúrbios de aprendizagem específicos.*

A frase "crianças com distúrbios de aprendizagem específicos" é definida como aplicando-se às crianças "que tenham um distúrbio em um ou mais dos processos psicológicos básicos envolvidos em compreensão ou uso da linguagem, falada ou escrita, distúrbio que pode manifestar-se em uma capacidade imperfeita de ouvir, pensar, falar, ler, escrever, soletrar ou fazer cálculos matemáticos. Esses distúrbios incluem condições tais como incapacidade de percepção, dano cerebral, disfunção cerebral mínima, dislexia e afasia do desenvolvimento. Esse termo não inclui crianças que tenham problemas de aprendizagem que sejam principalmente o resultado de incapacidades de visão, de audição ou motora, de retardo mental, de distúrbio emocional ou de privação ambiental, cultural ou econômico."

Eis a que essas crianças e esses adolescentes têm direito:

1. Uma *educação pública gratuita* e garantida para todos, entre as idades de três a vinte e um.
2. Cada pessoa incapacitada tem garantido um "*programa de educação individualizado*", ou PEI. Esse PEI pode ser sob a forma de uma declaração escrita, desenvolvida conjuntamente pela direção da escola, pela professora da criança, pelo pai ou responsável e, se possível, pela própria criança. Deve incluir uma análise do nível de desempenho atual da criança, uma lista tanto dos objetivos a curto prazo como anual, uma identificação dos servi-

ços específicos que serão fornecidos para se obter tais objetivos e uma indicação do limite que a criança será capaz de obter nos programas escolares normais. O PEI deve também ser claro sobre quando esses serviços serão prestados e por quanto tempo durarão, e fornece uma agenda para verificar os progressos conseguidos com o plano e fazer no mesmo quaisquer revisões que forem necessárias.

3. Crianças incapacitadas e não incapacitadas devem ser educadas juntas no máximo que for apropriado. A criança deve ser colocada em classes especiais ou escolas separadas somente quando a natureza e a gravidade de sua incapacidade impedirem um desempenho satisfatório em um programa de educação normal.
4. Testes e outros materiais de avaliação usados na colocação de crianças incapacitadas devem ser preparados e administrados de tal forma a não serem racial ou culturalmente discriminatórios. Devem também ser apresentados na língua nativa da criança.
5. Um esforço intensivo e continuado deve ser feito para *localizar* e *identificar* crianças com incapacidades, *avaliar* suas necessidades educacionais e *determinar* se essas necessidades estão sendo atingidas.
6. Em todos os esforços, deve ser dada *prioridade* aos que não estão recebendo uma educação e aos gravemente incapacitados que estão recebendo uma educação inadequada.
7. Em todas as decisões, uma *consulta prévia com os pais ou responsáveis da criança* deve ser realizada. Nenhuma política, programas ou procedimento que afetem a educação de crianças incapacitadas devem ser adotados sem um aviso público.
8. Estes direitos e garantias se aplicam às crianças incapacitadas tanto *nas escolas particulares como nas públicas.* Note-se que qualquer educação especial fornecida a qualquer criança deve ser sem nenhuma despesa para os pais, *se* os funcionários do departamento de educação local ou estadual colocarem a criança em tais escolas ou a mandarem para elas.
9. As localidades e os estados devem desenvolver *programas de desenvolvimento de pessoal* abrangentes, incluindo treinamento em serviço, assim como professores de educação especial e pessoal de apoio.
10. Ao executar a lei, deve ser feito um esforço especial para empregar o pessoal incapacitado qualificado.
11. Todas as barreiras arquiteturais devem ser removidas.

12. O departamento de educação estadual tem jurisdição sobre todos os programas educacionais para crianças incapacitadas oferecidos dentro de um determinado estado, incluindo os administrados por instituições não educacionais.
13. Um *comitê consultivo* deve existir para instruir o departamento de educação estadual sobre as necessidades não supridas. Entre seus membros *deve haver* pessoas incapacitadas e pais ou responsáveis dessas pessoas.

Esta lei garante *salvaguardas processuais*. Os pais ou responsáveis têm oportunidade de examinar quaisquer registros que contenham a identificação de uma criança como sendo incapacitada, a natureza e gravidade de seus distúrbios e a espécie de estabelecimento educacional em que esteja colocada. As escolas devem providenciar uma notificação escrita antes de mudar a localização de uma criança. Se um pai ou responsável discordar da decisão de uma escola, deve haver um processo no local, pelo qual as queixas possam ser registradas. Esse processo deve incluir uma oportunidade de uma audiência imparcial que ofereça aos pais direitos semelhantes aos envolvidos em uma ação judicial — o direito de ser acompanhado por um conselheiro (e por peritos em educação especial, se quiserem), apresentar provas, interrogar duplamente as testemunhas, obrigar a presença de qualquer testemunha que não apareça voluntariamente, ser-lhes dado um relatório completo dos procedimentos e de receber a decisão e os resultados em forma escrita.

SUA CRIANÇA OU SEU ADOLESCENTE E A LEI 94-142

Cada estado elaborou suas próprias leis, regras e regulamentos para executar as intenções dessa lei. Você tem de falar com os funcionários de sua escola, outros pais, ou outras pessoas conhecedoras da situação, para aprender a respeito dos detalhes, como são aplicados em sua comunidade ou estado.

É útil olhar os diversos passos do processo usado para ajudar seu filho.

1. Pesquisa — Cada escola deve ter uma norma para abrigar os estudantes que possam ter um distúrbio.

2. Descoberta	Uma vez identificado um estudante com um problema potencial, deve haver uma norma para coligir informações e organizar um processo de avaliação.
3. Avaliação	Uma avaliação multidisciplinar, abrangente, deve ser feita.
4. Entrevista	Os pais ou responsáveis devem encontrar-se com o pessoal da escola e os profissionais da avaliação para rever as conclusões desta, quaisquer designações ou diagnósticos estabelecidos, e qualquer colocação proposta e o PEI. Os detalhes devem ser apresentados por escrito.
5. Processo de decisão dos pais	Os pais ou responsáveis, consultando profissionais educacionais e outros, e advogados quando necessários, decidem aceitar, solicitam esclarecimentos e modificações, ou rejeitam a colocação proposta e o PEI.
6. Processo de apelação	Se os pais rejeitam a designação, a recomendação de colocação, ou o PEI, deve haver uma apelação que começa na própria localidade e pode chegar ao nível municipal ou estadual.
7. Seqüência	*Relatórios de progresso* devem ser fornecidos à família. Quando se aproxima o fim do ano letivo, uma *reavaliação* é feita (em muitas escolas, uma completa reavaliação formal é feita apenas em cada três anos). Deve haver uma *reunião* para planejar o ano seguinte. Os assuntos 5 e 6 são repetidos antes de se iniciarem os planos do ano seguinte.

Vamos rever cada passo do processo, com seu filho no pensamento.

Pesquisa

Se alguém de sua escola sugerir que seu filho tem um problema e quer fazer alguns testes, seja positivo e concorde com os testes. Se estes revelarem um problema, você pode obter auxílio. Se os testes não encontrarem nada errado, isso será um alívio tanto para você como para a escola. Se você está preocupado com o progresso escolar de seu filho e suspeita de um problema, mas a escola não disse nada a respeito, fale com a professora da classe. Partilhe suas observações e preocupações.

Se a professora concordar com você, deve iniciar um processo de requisição de uma avaliação formal. Se você não conseguir que a professora da classe comece o processo, encontre-se com a diretora. (É melhor não ir diretamente à diretora porque isso pode provocar a contestação da professora.) Quando há o casal, é sempre melhor que os dois estejam presentes nessas reuniões. Expliquem suas preocupações novamente, e peçam à diretora para iniciar o processo de avaliação. Se nada for feito, procure o gabinete da direção escolar ou o Ministério da Educação e procure falar com a pessoa responsável pela educação especial na escola de seu filho. Peça o nome dessa pessoa e insista no seu direito de falar com ela. Explique suas preocupações e esclareça que já falou com a professora e a diretora. Pergunte se a pessoa com quem está falando pode observar seu filho e, então, encontrar-se com a professora e com você.

Esses esforços devem resultar em uma avaliação — ou em uma razão muito substancial para que não seja requerida. Se você não for bem-sucedida, muitas outras estratégias podem resolver. Você pode conseguir uma avaliação particularmente. Se forem encontrados resultados significativos, podem ser apresentados à diretora e aos responsáveis pela educação especial. Você pode requerer uma data para encontrar-se com a direção da escola e apelar para eles, pedindo para que ajudem a obter uma avaliação para seu filho e determinar se suas preocupações são válidas. Fale com outros pais na sua seção local da Associação das Crianças com Distúrbios de Aprendizagem (ver a lista do Apêndice). Eles podem dizer-lhe como funciona em sua organização escolar.

A escola pode achar difícil identificar certos tipos de crianças que estejam em dificuldades. Um é quieto, tímido, retraído, não causa problema algum. Infelizmente, a escola esperará até que essa criança fique tão frustrada e infeliz que se recuse a ir à escola, chore na classe, ou arranje um problema antes que estejam alertadas. Com a permissão dos pais, naturalmente, ensinei ocasionalmente tais crianças a arranjarem problemas — como bater os livros com força ou atirá-los, gritar com outras crianças ou com a professora, sair da sala — apenas para conseguir a atenção de que necessitam na escola.

Um outro desses problemas é a criança muito brilhante que consegue realizar pelo menos um exercício mais ou menos, apesar de seus problemas. Essa criança pode ter uma inteligência superior mas, por causa dos distúrbios de aprendizagem, só consegue graus do nível C ou D. O pessoal da escola vê a criança ou o adolescente como "apenas médio", embora, na verdade, estejam diante de um caso de subdesempenho grosseiro.

Algumas organizações escolares põem ainda outro bloqueio em seu caminho. A lei pode ser interpretada como dizendo que uma criança deve estar pelo menos três anos atrasada para garantir uma avaliação. O que acontece quando seu filho está apenas nas primeira, segunda ou terceira séries?

Não aceite esse argumento. Pergunte: "Meu filho tem de fracassar até à quarta série para ter direito a uma avaliação?" E não aceite "Sim" como resposta.

Descoberta

Uma vez que a escola concorde com a necessidade de uma avaliação, fique informada, tanto quanto possível, sobre o que é uma avaliação e o que deve ser. Verifique o que está planejado, fique certa de que os planos estão completos e, então, prepare seu filho para cada passo. Fique certa de que todos os membros necessários para a equipe de avaliação foram chamados. Reveja os Capítulos 9 e 10 sobre a avaliação para ficar certa de que você abrangeu todas as bases apropriadas.

Entrevista

O pessoal da escola e os educadores especiais vão se encontrar com você. Se vocês são um casal de pais ou responsáveis, fiquem certos de estarem presentes quando o pessoal da escola, os educadores especiais ou o coordenador da equipe de avaliação se encontrar com vocês. Você pode também levar um conselheiro legal, seus próprios orientadores profissionais, ou qualquer outra pessoa que ache necessária. Raiva, defensiva ou comportamento exigente não conduzirá você a parte alguma. Suponha que todos ali presentes têm o maior interesse por seu filho. Ouça, faça perguntas, reflita. Mesmo que você concorde plenamente com tudo que é aconselhado, peça tempo para pensar e ler as recomendações em detalhe. Por um lado, a raiva e a defensiva polarizam as partes. Por outro, uma concordância muito rápida pode impedir você de fazer perguntas que lhe ocorram depois de ler os relatórios e refletir sobre eles.

Faça seu dever de casa antes da entrevista. Releia os Capítulos 9 e 10. Fale com outros pais que já estiveram na mesma situação e, se possível, aprenda alguma coisa sobre quais os programas que podem ser sugeridos.

Durante a entrevista, faça perguntas. Se alguém disser que seu filho tem distúrbios de aprendizagem, peça que especifique. Você sabe o que são distúrbios de aprendizagem. Impressione-os com a sua ciência e com a necessidade de eles serem precisos. Não deixe um avaliador esmagá-la com palavras. Peça definições e esclarecimentos de uma maneira calma, interessada. Faça-os saber que embora o que estejam dizendo seja importante, refere-se à sua criança ou ao seu adolescente, de quem você gosta muito.

Se você não concordar com os resultados, não duvide deles já. Diga ao avaliador que você gostaria de ter uma cópia dos resultados dos testes para mostrar a um outro profissional, para uma segunda opinião. Você não consentiria que seu filho fizesse uma cirurgia de coração ou mesmo que fosse mandado para o hospital sem uma segunda opinião. Submeter seu filho a pelo menos um ano de um programa de educação especial tem exatamente o mesmo grande impacto na vida dele.

Você terá de estar de acordo com o diagnóstico, ou rótulo — isto é, com o nome que sua escola der aos problemas que eles dizem que seu filho tem. Você terá também de certificar-se se concorda com a colocação recomendada e com o Programa de Educação Individualizada (PEI) proposto. Se for usado um nome para a condição de seu filho, peça uma definição da escola para este rótulo, por escrito, junto com os critérios que eles usam para aplicá-lo. Leia esta declaração cuidadosamente para ver se a descrição realmente corresponde ao seu filho.

Tenha sempre em mente a diferença entre um problema emocional que *causa* dificuldades escolares e um problema emocional que *resulta de* dificuldades escolares. Se os problemas de comportamento de seu filho são devidos às frustrações e fracassos experimentados por causa de distúrbios de aprendizagem, não permita que a escola rotule seu filho apenas como "emocionalmente perturbado". Isso pode ser um diagnóstico secundário, junto com os distúrbios de aprendizagem, mas não deve ser o *único* diagnóstico. Não o aceite se acha que está errado. Um diagnóstico errado não apenas faz errar a verdadeira orientação — como pode facilmente resultar em uma colocação imprópria, e também num PEI errado.

A escola é responsável pela colocação de seu filho num programa apropriado dentro de sua estrutura organizacional. Somente se isso não for possível considerarão uma colocação fora da escola ou particular. Você pode preferir que seu filho vá para um programa particular que você conheça. A escola não é obrigada a concordar com isto, se houver disponível, em sua própria organização, uma colocação apropriada. Você pode argumentar que a colocação particular é melhor, o que pode ser verdade. Mas, mesmo que o seja, a lei estabelece que cada criança deve receber uma educação *apropriada*, não obrigatoriamente a *melhor* educação possível.

Como disse no Capítulo 11, há vários níveis de programas. Você quer encontrar o *programa menos restritivo*, que também proporcione o *apoio educacional mais eficiente* para seu filho. Lembre-se de que isso nem sempre significa estar em um programa que se assemelhe ao de uma classe normal. O ambiente menos restritivo para algumas crianças pode ser o ambiente mais restritivo existente. Por exemplo, uma criança pode necessitar da segurança e do apoio de uma sala de aula pequena, separada, auto-suficiente para se sentir segura o bastante para relaxar e tornar-se disponível para aprender. Para essa criança, o ambiente mais restritivo é o menos restritivo para aprender e progredir.

Peça detalhes de qualquer colocação. Onde é? Seu filho terá de ser transportado para fora da vizinhança? Pergunte sobre as qualificações da professora, o tamanho e a distribuição etária da turma, e da mistura das crianças designadas para a classe — diagnósticos, nível de função intelectual e assim por diante. Pergunte se você pode visitar as aulas. Se estiver no meio do semestre letivo, e você vir um grupo diferente de estudantes, você sentirá o que está acontecendo. Procure conversar com alguns pais de crianças que já estejam realizando o programa. Se a professora ainda não houver sido selecionada, peça uma declaração escrita das qualificações que ela deve ter. No início do ano letivo, verifique se a selecionada preenche as necessidades.

E sobre o PEI? Isso é o plano escrito que identifica a instrução designada especialmente para seu filho e relaciona as expectativas razoáveis do desempenho dele. Esse documento deve também incluir um sistema de acompanhamento do progresso.

Cada PEI deve cobrir, no mínimo, os seguintes pontos:

1. Uma declaração dos níveis de desempenho educacional de sua criança ou seu adolescente.

2. Uma declaração dos objetivos ou realizações anuais esperados no fim do ano letivo.
3. Objetivos a curto prazo, apresentados em termos instrutivos, que são os degraus que conduzem ao domínio daqueles objetivos anuais.
4. Uma declaração dos serviços de apoio e educação especial específicos a serem fornecidos ao seu filho.
5. Uma declaração sobre qual o limite em que será permitido a uma criança participar de programas educacionais normais e justificativa para qualquer recomendação colocada.
6. Datas prováveis de início dos serviços e duração prevista para os mesmos.
7. Uma declaração dos critérios e procedimentos de avaliação a serem usados pelo menos em um ano, se forem utilizados objetivos de curto prazo.

Além de colocação e PEI apropriados, sua criança ou seu adolescente pode precisar de outros serviços. São chamados de *serviços relacionados,* e devem ser fornecidos sem nenhum custo para os pais. A definição formal dos serviços relacionados é "transporte e os serviços de desenvolvimento, corretivos e de outros apoios (inclusive serviços psicológicos, de terapia da palavra e audiologia, terapia física e ocupacional, recreação e serviços de aconselhamento médico, mas tais serviços médicos deverão ser apenas para finalidades de diagnóstico e avaliação), que podem ser necessários para ajudar uma criança incapacitada a se beneficiar da educação especial e incluem a indentificação inicial e avaliação das condições de incapacidade das crianças". Esses serviços são normalmente fornecidos pela escola e fazem parte dc programa escolar.

Por exemplo, a terapia individual, grupal ou familiar pode ser recomendada. Algumas vezes é sugerida a colocação em um centro de tratamento residencial (um programa em escola semelhante a um internato designado para ajudar pessoas emocionalmente perturbadas). Se alguns serviços relacionados forem propostos, atue com sua escola. Ela pode propor o fornecimento de auxílio dentro de sua organização, ou pode mandar você para outro estabelecimento que trabalhe com ela. Se você tiver seguro saúde, o pessoal de sua escola pode pedir que esse plano cubra alguma parte dos custos. Qualquer que seja o acordo, você não tem nada que pagar.

E os serviços relacionados são caros. Algumas organizações escolares evitam cuidadosamente recomendar auxílio dessa espécie. Se o pessoal da escola faz tais recomendações no PEI, a escola tem de pagar. Se a escola evita declarações diretas para esse fim, isso significa que você terá de procurar tal auxílio por sua conta própria.

O processo de decisão dos pais

Depois da entrevista, você tem direito a uma transcrição completa da reunião. Você também pode obter cópias de todos os testes que tiverem sido feitos. Também devem ser fornecidas por escrito as recomendações de colocação e do PEI.

Leia todos os documentos. Se necessário, peça esclarecimentos e mais detalhes. Procure consultar e aconselhar-se com outros pais e com profissionais. Vá conhecer o programa proposto. Quando for apropriado, partilhe todas as informações que obteve com a criança interessada.

Se você está satisfeita com o plano da escola para sua criança ou seu adolescente, você pode concordar com ele e assinar todos os documentos necessários. Se não concordar e não conseguir que o pessoal da escola modifique suas propostas, informe-os de que você quer apelar. Você tem direito, por lei, ao devido processo de apelação.

O processo de apelação

Os processos de apelação diferem para cada estado e cada organização escolar. Peça ao pessoal da escola uma declaração escrita sobre quais são os seus direitos e o que o processo envolve. Se possível, discuta suas opções e estratégias com sua Associação para Crianças com Distúrbios de Aprendizagem. Você pode escolher e procurar aconselhamento legal. Procure saber, com outros pais de crianças com distúrbios de aprendizagem, que advogados da região são mais conhecedores da lei sobre a educação e a educação especial.

Cada passo de uma apelação será como a recriação da entrevista original. A escola apresentará seu material e as razões de suas decisões. Você apresentará seu lado da história, onde você discorda da escola e o que você quer. A junta de apelação concordará seja com a escola, seja com você, ou pode sugerir uma alternativa, ou um acordo, para que ambos os lados considerem.

À medida que você sobe a escada, da organização escolar local para o município e depois para o estado, os membros dos grupos de apelação estarão cada vez menos envolvidos nos problemas locais — política da direção da escola, orçamentos escolares — e podem olhar com mais imparcialidade os argumentos e a criança envolvidos.

O processo de apelação pode resolver-se rapidamente ou levar meses. Se for até o estado pode levar um ano ou mais. Enquanto isso, a educação de seu filho deve continuar. Você pode decidir aceitar uma colocação ou um PEI sob protesto, permitindo que um programa educacional possa começar enquanto o processo de apelação transita. Ou você pode colocar seu filho em um programa particular, usando seu próprio dinheiro, enquanto espera que termine o processo de apelação.

Execução

Os melhores planos imaginados podem fracassar quando iniciar o ano letivo. Observe quando a escola abre. Assegure-se de que a colocação, a professora, os serviços relacionados e o PEI estão corretos e em operação. Fique preocupada, faça perguntas, mas tente não ser inconveniente. Se você achar que houve alguma alteração do plano combinado, contate o pessoal de educação especial e peça esclarecimentos.

Fique certa de que as professoras das classes normais com quem seu filho tem contato estão atentas a qualquer necessidade ou programa especial. Tenha certeza de que elas estão familiarizadas com a avaliação e com o PEI e que estão em contato regular com as professoras de educação especial.

O PEI discrimina os objetivos de curto prazo e estabelece critérios para medir os progressos em relação a eles. Se a professora ou a equipe de professores não entrar em contato com você, peça entrevistas mensais ou a cada dois meses pelo menos. E peça relatórios de progressos nos mesmos prazos.

Os programas tendem a ser modificados ou abrandados. Peça a seu filho para mantê-la informada ou verifique isso você mesmo. O terapeuta da fala vê seu filho duas vezes por semana durante quarenta e cinco minutos ou ele já deixou para uma vez por semana? O especialista em distúrbios de aprendizagem ainda vê a criança individualmente trinta minutos todos os dias? Ou agora são três vezes por semana ou junto com outras crianças? Conheça o PEI de seu filho e insista em que a criança receba o que ele prescreve. Nenhuma mudança pode ser feita sem uma notificação escrita e sua concordância.

Quando cada ano letivo chega ao fim, assegure-se de que uma entrevista está marcada para planejar o próximo ano. Cada novo plano exige o mesmo processo formal, assim com a sua concorrência formal.

NOÇÕES ADICIONAIS

Seu filho deve ser mantido informado. O quanto você partilhará, o que você explicará e como você explicará dependerá da idade da criança. Se você precisar de ajuda, peça-a aos profissionais envolvidos para se reunirem com você e sua criança ou seu adolescente. Se você pensa que possa ser vantajoso, faça uma sessão familiar.

Mencionei anteriormente como proceder com qualquer resistência de seu filho em aceitar auxílio. Deixe-me apontar um outro problema — *estigma*. Outras crianças podem ser cruéis, algumas vezes de propósito, outras porque dizem justamente todas as coisas erradas. Os programas especiais podem ser chamados de turmas "débeis mentais" ou de "retardados" e as crianças a elas pertencentes podem também receber apelido semelhante. Tudo isso dói. Fale com as professoras. Se necessário, fale com os pais de uma criança ofensora tão claramente quanto você puder. (Aqui, como em qualquer lugar, a hostilidade não levará você muito longe.) Apóie seu filho e compartilhe de seus sentimentos. Não tenha medo de mostrar suas próprias emoções nem de ter um bom choro juntos. Você faria qualquer coisa no mundo para poupar seu filho desses problemas — mas eles existem. Convença seu filho de que você se preocupa demais para ignorá-los e que você fará tudo que for possível para apoiá-lo e ajudá-lo.

Apesar do risco de ser persistente, devo novamente enfatizar a importância de ser um *consumidor informado* e um *advogado assertivo.* Em caso algum isto é mais crítico do que com os assuntos que acabamos de examinar.

Por mais dedicada que seja a direção da escola, não pode nunca se importar tanto com seu filho quanto você. Trabalhe intimamente com ela. E faça com que ela realize seu trabalho. Se você se tornar um colaborador, trabalhando para um objetivo comum, ela realizará um trabalho ainda melhor de ajudar sua criança ou seu adolescente a alcançar o máximo crescimento e potencial.

sexta parte

Resumo

16

EM CONCLUSÃO

Talvez você se lembre de Victor, o menino cuja vitoriosa história iniciou este livro.

Vamos, por um momento, olhar outro rapaz que tinha a mesma extensão de distúrbios de aprendizagem. Bob lutou durante a escola de primeiro grau, saiu-se mal na de segundo e finalmente abandonou a escola quando tinha dezesseis anos. No início, seus pais tentaram fazer a escola providenciar auxílio. Mais tarde desistiram, frustrados. Quando ele saiu da escola, perderam o controle e não souberam mais dele.

Quando tiveram notícias, ele tinha sido preso por matar dois policiais enquanto tentava roubar um banco.

A cobertura jornalística foi dolorosamente reveladora (*Washington Post*, 8 de agosto de 1976). O relatório psiquiátrico observava: "Cada vez que ele lutava sem esperança com um problema de matemática, cada vez que tropeçava no seu primeiro livro de leitura, cada vez que seu irmão o vencia numa luta... ficava um pouco mais hostil, um pouco mais retraído, um pouco mais convencido de sua inutilidade... Considerava-se estúpido e inútil e desenvolvia intensa raiva de si próprio e do mundo."

Os pais de Bob eram profissionais. Seu irmão mais velho estava no quadro de honra da escola. Bob foi rotulado de "lento" na escola de primeiro grau, mas o primeiro teste foi feito somente na oitava série. Revelou distúrbios de aprendizagem e um QI no nível brilhante. Nenhum programa foi oferecido. O conselheiro do segundo grau nunca soube desses testes. Depois que Bob abandonou a escola, mudou de emprego continuamente. Passava cada vez mais tempo guiando sua motocicleta e entrando em conflito com a polícia. O roubo do banco e os assassinatos foram um resultado quase inevitável de seu estilo de vida.

Bob está agora na prisão.

Você provavelmente já ouviu tudo isso antes, mas deixe-me mencionar umas poucas pessoas com distúrbios de aprendizagem antes de chegar à minha conclusão. Leonardo da Vinci muitas vezes escreveu de trás para a frente: sua escrita mostra evidência de problemas de percepção. Woodrow Wilson não aprendeu o alfabeto até ter oito anos; não leu até os onze. Na escola só foi excelente nos trabalhos que se relacionavam com a fala. Foi rotulado de "estúpido e atrasado".

Auguste Rodin, o famoso escultor, saía-se muito mal com matemática e ortografia. Foi descrito como "ineducável" e "um idiota". O General George Patton teve graves distúrbios de aprendizagem e não podia ler ou escrever aos doze anos de idade. Um leitor especial trabalhava com ele todo o tempo na Academia de West Point. Winston Churchill teve distúrbios de aprendizagem. Albert Einstein não falou até aos quatro anos e só leu depois dos nove. Era considerado retardado e só fez progresso depois que sua família o transferiu para uma escola especial, onde pôde aprender usando seu próprio estilo.

Thomas Edison não pôde aprender nada na escola pública. Entrou aos oito anos de idade e foi retirado três meses depois pela mãe que decidiu ensiná-lo ela mesma. Sua autobiografia é reveladora. "Lembro-me de que eu nunca consegui sair-me bem na escola. Era sempre o último da classe. Costumava pensar que as professoras não simpatizavam comigo e que meu pai pensava que eu era estúpido." Mais tarde, acrescentou: "Era impossível observar e aprender os processos na natureza por descrição, ou o alfabeto inglês e a aritmética apenas de cor... era sempre necessário observar com meus próprios olhos e fazer coisas ou fabricar coisas..." Ver por ele mesmo, testar as coisas ele mesmo, dizia, era, "por exemplo... melhor que aprender sobre uma coisa que eu não via havia duas horas". Sua mãe notou que ele nunca aprendeu a ortografia. Sua gramática e sua sintaxe eram apavorantes. Era difícil de ser ensinado. O que ele aprendia, era à sua maneira. De fato, dizia ela, ela apenas o inspirava — ninguém nunca lhe ensinou coisa alguma. Ele se ensinou.

Há outros. Talvez você tenha conhecido pessoas bem-sucedidas que sobrepujaram ou aprenderam a compensar seus distúrbios de aprendizagem. Talvez você seja uma delas. Sei que sou. Você devia ter visto o primeiro rascunho deste livro — erros de ortografia, letras trocadas, escrita ilegível. Mas tenho, agora, algo que não tinha quando estava na escola. Tenho uma secretária que aprendeu a ler a minha escrita, que sabe ortografia e que não ri mais dos meus erros. É uma compensação. Mas nem sempre tive esse auxílio. Meus conceitos nas escolas de primeiro e segundo graus foram abaixo de bons. A única razão pela qual eu não continuei em uma escola vocacional foi que minha mãe se encontrou com a diretora e exigiu que eu tivesse uma oportunidade na escola de segundo grau normal. Ela ganhou. Ou, eu diria, ela me deu a chance de vencer. De alguma forma eu também tive a minha parte na escola de segundo grau. Eu me ensinei como aprender e como passar nos exames. Isso, para mim, foi o princípio. O fim nunca chega. Ainda enfrento novas frustrações e desafios. Recentemente estava em uma audiência no Congresso referente ao orçamento. Precisava transmitir informações a alguém que estava respondendo perguntas de um senador. Quando recebi minha nota de volta, havia, no topo, "Obrigado" — depois ele prosseguiu corrigindo dois erros de ortografia e uma revogação.

O que determina o resultado para nós? O que é que faz com que algumas crianças e alguns adolescentes consigam e outros não? Parece-me que o resultado depende da interação de vários fatores:

1. Tipos e extensão dos distúrbios de aprendizagem.
2. Nível do potencial intelectual.
3. A época em que esses distúrbios são reconhecidos e um programa apropriado é desenvolvido. Se isso não for feito cedo, desenvolvem-se problemas escolares e emocionais. A criança vai ficando cada vez mais defasada.
4. As espécies de ajuda dada na escola e na família.
5. A personalidade da criança ou do adolescente. Encara os distúrbios como um desafio, aceita a necessidade de trabalhar mais, desenvolve estilos de combate? Relaciona-se de uma forma que faz as pessoas quererem chegar-se e ajudar ou de uma forma que as afasta? E, finalmente,
6. A capacidade dos pais e da família de apoiar e se interessar.

Os esforços atuais de pesquisa nos darão, algum dia, o conhecimento para minimizar ou evitar os distúrbios de aprendizagem e melhorar os problemas existentes por meio da educação, da medicação, e/ou orientações especiais de nutrição. Por enquanto, há pouca coisa que se possa fazer para "curar" os distúrbios de aprendizagem que seu filho tem. Seu potencial intelectual está estabelecido. Você só pode usar programas que maximizem esse potencial.

Nossa melhor esperança para conseguir o melhor resultado é trabalhar com os outros fatores que afetam a criança — os fatores que *podemos* influenciar.

Sendo um *consumidor informado* e um *advogado assertivo* você pode procurar conseguir as avaliações necessárias e as intervenções da escola. Através de seu entendimento, você pode ajudar sua criança ou seu adolescente a compreender e a maximizar forças em vez de ampliar os pontos fracos. Você pode ajudar com o desenvolvimento da personalidade e da auto-imagem de seu filho. Você pode ajudar sua família a compreender e apoiá-lo. Você pode apoiar seus outros filhos. E, igualmente importante, você pode apoiar-se.

Espero que este livro lhe tenha dado mais compreensão do que você possuía quando o começou a ler. Espero que ele tenha sugerido um novo modo de pensar e algumas idéias que vão ajudá-la a ajudar seu filho a atingir seu potencial total como um adulto feliz, saudável e positivo. Isso nunca será fácil, mas eu lhe desejo o maior dos sucessos.

Apêndice

RECURSOS

ORGANIZAÇÕES DE PAIS

Associação para Crianças e Adultos com Distúrbios de Aprendizagem
(Association for Children and Adults with Learning Disabilities)
Esta organização, conhecida como "ACLD", é uma associação nacional de pais, com divisões, local e estadual. Pais e profissionais podem ser membros. Os grupos locais providenciam programas educacionais, conselhos sobre programas e problemas locais, e organizações de apoio para pais, famílias e crianças e adolescentes. Para encontrar a divisão mais próxima, entre em contato com o Escritório Nacional:
4156 Library Road
Pittsburgh, Pennsylvania 15234
(412) 340-1515

Sociedade Orton de Dislexia
(The Orton Dyslexia Society)
Esta organização é para pais de crianças e adultos com dislexia, assim como para profissionais com ela relacionados.
724 York Road
Baltimore, Maryland 21204
(301) 296-0232

OUTRAS ORGANIZAÇÕES ÚTEIS

Associação Americana de Centros Residenciais de Crianças
(American Association of Children's Residential Centers)
Esta organização representa a maioria dos centros residenciais de tratamento disponíveis para crianças e adolescentes.
P.O. Box 14188
Ben Franklin Station
13th and Pennsylvania Avenue, N.W.
Washington, D.C. 20044

Associação Americana de Serviços Psiquiátricos para Crianças
(American Association of Psychiatric Services for Children)

Esta organização representa muitos dos programas e organizações que fornecem serviços de saúde mental para crianças.
1725 K Street, N.W.
Washington, D.C. 20036

Conselho para Crianças Excepcionais
(Council for Exceptional Children)
Ramo da Associação Nacional de Educação, para educadores em educação especial.
1920 Association Drive
Reston, Virginia 22091

Fundação de Epilepsia da América
(Epilepsy Foundation of America)
Organização para pais de crianças e adultos com distúrbios convulsivos.
4351 Garden City Drive
Landover, Maryland 20785

Fundação para Crianças com Distúrbios de Aprendizagem
(Foundation for Children with Learning Disabilities)
Organização que realiza enormes levantamentos de fundos. Este dinheiro é usado para apoiar pesquisas e programas de demonstração para crianças com distúrbios de aprendizagem.
99 Park Avenue
New York, New York 10016

Associação Nacional de Cidadãos Retardados
(National Association for Retarded Citizens)
Organização para pais de crianças e adultos retardados.
2709 Avenue E East
Arlington, Texas 76011

Congresso Nacional de Pais e Mestres
(National Congress of Parents and Teachers)
Organização nacional, representando grupos de pais e mestres de todo o país.
700 North Rush Street
Chicago, Illinois 60611

Conselho Nacional de Centros Comunitários de Saúde Mental
(National Council of Community Mental Health Centers)
Representa a maioria dos Centros Comunitários de Saúde Mental do país.
2233 Wisconsin Avenue, N.W.
Suite 322
Washington, D.C. 20007

Associação Nacional de Saúde Mental
(National Mental Health Association)

Consiste de voluntários preocupados com as necessidades de saúde mental do país. Tem divisões locais e estaduais.
1800 North Kent Street
Arlington, Virginia 22209

Sociedade Nacional para Crianças Autistas
(National Society for Autistic Children)
Organização para pais de crianças e adultos autistas.
1234 Massachusetts Avenue, N.W.
Washington, D.C. 20005

Pais Sem Companheiros
(Parents Without Partners)
Organização nacional com divisões locais para pais que educam crianças sozinhos.
7910 Woodmont Avenue, N.W.
Washington, D.C. 20014

Associação Unida de Paralisia Cerebral
(United Cerebral Palsy Association)
Organização de pais de crianças e adultos com paralisia cerebral.
66 East 34th Street
New York, New York 10016

ORGANIZAÇÕES PROFISSIONAIS

Cada uma das organizações seguintes representa um grupo profissional específico. Você pode querer entrar em contato com uma delas para perguntar sobre as qualificações de um determinado indivíduo, pedir recomendações de profissionais que você poderá vir a usar ou para informação geral.

Academia Americana de Psiquiatria Infantil
(American Academy of Child Psychiatry)
3615 Wisconsin Avenue, N.W.
Washington, D.C. 20016

Academia Americana de Neurologia
(American Academy of Neurology)
4015 W. 65th Street
Suite 302
Minneapolis, Minnesota 55435

American Academy of Ophtalmology
(Academia Americana de Oftalmologia)
1100 17th Street, N.W.
Washington, D.C. 20036

Academia Americana de Pediatria
(American Academy of Pediatrics)
1801 Hinman Avenue
Evanston, Illinois 60204

Associação Médica Americana
(American Medical Association)
535 N. Dearborn
Chicago, Illinois 60610

Associação Americana de Enfermeiras
(American Nurses' Association)
134 W. 78th Street
New York, New York 10024

Associação Americana de Terapia Ocupacional
(American Occupational Therapy Association)
1383 Piccard Drive
Rockville, Maryland 20850

Associação Americana de Optometria
(American Optometric Association)
243 North Lindberg
St. Louis, Missouri 63141

Associação Americana de Psiquiatria
(American Psychiatric Association)
1700 18th Street, N.W.
Washington, D.C. 20036

Associação Americana de Psicologia
(American Psychological Association)
Division 22, Psychological Aspects of Disabilities
1200 17th Street, N.W.
Washington, D.C. 20036

Associação Americana da Fala, Linguagem e Audição
(American Speech, Language and Hearing Association)
10801 Rockville Pike
Rockville, Maryland 20852

Sociedade Americana de Psiquiatria do Adolescente
(American Society for Adolescent Psychiatry)
24 Green Valley Road
Wallingford, Pennsylvania 19086

Associação Nacional de Psicólogos Escolares
(National Association of School Psychologists)
2953 Silver Lake Boulevard
Cuyahoga Falls, Ohio 44224

Associação Nacional de Assistentes Sociais
(National Association of Social Workers)
7981 Eastern Avenue
Silver Spring Maryland 20910

ORGANIZAÇÕES LEGAIS

Muitas faculdades de Direito têm unidades ou programas especiais que indicam materiais de referência ou conselhos sobre crianças incapacitadas. Se você ou o seu advogado necessita de tal auxílio, entre em contato com a faculdade de Direito mais próxima e verifique o que ela oferece. A lista seguinte de programas nacionais pode auxiliar ou fornecer um recurso local.

Coalizão Americana de Cidadãos com Distúrbios
(American Coalition of Citizens with Disabilities)
1200 15th Street, N.W.
Washington, D.C. 20036

Fundo de Defesa Infantil
(Children's Defense Fund)
1520 New Hampshire Avenue, N.W.
Washington, D.C. 20036

Centro de Recurso Legal de Distúrbios Mentais
(Mental Disability Legal Resource Center)
American Bar Association
1800 M Street, N.W.
Washington, D.C. 20036

FACULDADES E OUTROS CENTROS DE TREINAMENTO PÓS-SEGUNDO GRAU

O número e as espécies de programas disponíveis mudam e aumentam todo o tempo. Em vez de relacionar esses programas existentes quando este livro estava sendo preparado, eis aqui algumas fontes que você pode entrar em contato para receber uma lista atualizada.

Você pode também contatar a escola de graduação em educação da universidade mais próxima. Pergunte pelo departamento de educação especial.

Os professores desse departamento podem aconselhá-la sobre recursos ou pessoas da escola deles ou de outras.

Relação Nacional de Programas de Treinamento de Faculdades de Quatro Anos, de Dois Anos e Pós-Segundo Grau, para Jovens com Distúrbios de Aprendizagem, editado por P. M. Fielding.
(A National Directory of Four Years Colleges, Two Years Colleges, and Post High School Training Programs for Young People with Learning Disabilities)
Esta publicação relaciona cada tipo de programa indicado em seu título. Pode ser obtido de:
Partners in Publishing
Box 50347
Tulsa, Oklahoma 74150
(918) 584-5906

Associação de Crianças e Adultos com Distúrbios de Aprendizagem
(Association for Children and Adults with Learning Disabilities)
Esta organização fornece uma lista atualizada de faculdades com programas especiais para estudantes com distúrbios de aprendizagem.
4156 Library Road
Pittsburgh, Pennsylvania 15234
(412) 340-1515

NOTA ESPECIAL

Para obter os detalhes específicos de como seu filho pode fazer o Teste de Aptidão Escolar sem limite de tempo, com um preceptor e/ou com outras considerações especiais, entre em contato com a organização que desenvolve e conduz o teste:
College Board
American Testing Program
Box 592
Princeton, New Jersey 08541

ÍNDICE